QUE SAIS-JE ?



# *Le droit de l'environnement*

JACQUELINE MORAND-DEVILLER
Professeur à l'Université Paris I
(Panthéon-Sorbonne)
Doyen honoraire

Président de l'Association française
de droit de l'urbanisme

*Septième édition mise à jour*

*27e mille*

ISBN 2 13 055413 X

Dépôt légal — 1re édition : 1987
7e édition mise à jour : 2006, avril


6, avenue Reille, 75014 Paris

# INTRODUCTION

> « Qu'est-ce qu'un arbre ? Un arbre c'est d'abord un certain équilibre entre une ramure aérienne et un enracinement souterrain... Ainsi voyez-vous, plus vous voulez vous élever, plus il vous faut avoir les pieds sur terre. Chaque arbre vous le dit. »
>
> Michel Tournier, *Le Coq de bruyère.*

Né dans les turbulences, le droit de l'environnement, à peine sorti de l'adolescence, a réussi la prouesse, si imparfait et inachevé soit-il, d'être un droit de la solidarité et de la réconciliation.

Au cœur des conflits entre intérêts particuliers et intérêt général et des tensions entre intérêts généraux antagonistes, la protection de l'environnement a désormais sa place dans la Constitution, la *Charte de l'environnement* proclamant (art. 2) : « Chacun a le droit de vivre dans un environnement équilibré et respectueux de sa santé. » Révolue est l'époque, point si lointaine, où l'environnement n'était protégé que de façon incidente et relative à partir des dispositions du Code civil traitant des troubles de voisinage. La protection de l'environnement est devenue une finalité supérieure et transcendante, qui éclaire les solutions apportées à des plaidoiries contrastées. Banalisée, elle inspire la réglementation d'activités quotidiennes ordinaires : gestion de l'eau, de l'air, protection contre le bruit, élimination des déchets...

Il est par ailleurs remarquable que la protection de l'environnement se soit conciliée, en un temps record, les faveurs de son principal rival : le droit du développement économique qui poursuit lui-même une finalité d'intérêt général primordiale. Interpellant l'économie politique, l'écologie politique propose une approche systémique des milieux, cycles et équilibres naturels, constamment menacés d'entropie et qui puisent dans la décomposition les éléments de leur renaissance. L'admonestation pathétique : *« Halte à la croissance »,* lancée par le Club de Rome et d'éminents intellectuels, si elle n'eut pas pour résultat une remise en cause du progrès, favorisa une prise de conscience des liens intimes entre le développement et l'environnement. Le miraculeux équilibre de la nature, fragile et menacé, sa biodiversité, l'harmonie des écosystèmes, sont de plus en plus en péril et les opinions publiques ont pris conscience que les conquêtes du Progrès, par ailleurs remarquables, peuvent conduire à la rupture de cet équilibre, ce qui rejoint les théories des philosophes de la crise, des catastrophes et du chaos. Les *grandes peurs* nées des effets de la pollution des éléments vitaux – eau, air, terre – les menaces de réchauffement de la planète peuvent être salutaires si des mesures énergiques sont prises, préventivement, par les responsables politiques, qui peuvent avancer l'idée que le risque zéro n'existe pas mais ne peuvent ignorer qu'il y a un seuil de risque acceptable qu'il ne faut pas dépasser. L'incertitude des données scientifiques ne saurait être un prétexte à l'inertie, l'enjeu est trop grave, et l'introduction, dans notre droit, du *principe de précaution* est un progrès incontestable.

Il était commun, dans un passé récent, d'opposer la protection de l'environnement – luxe réservé aux pays riches – au développement – nécessité vitale pour les pays du Tiers Monde susceptibles de justifier des atteintes à l'environnement. Il semble désormais évident que la croissance des pays en voie de développement exige, pour sa réussite, une politique concomitante de protection des ressources naturelles et de maintien des capacités productrices de la Terre[1]. Le droit de l'environnement a une *vocation universelle,* qui bouscule à la fois les frontières du temps : il s'adresse aux

1. « Pour parvenir à un développement durable, la protection de l'environnement doit faire partie intégrante du processus de développement et ne peut être considérée isolément » (Principe 4 de la Déclaration de Rio).

générations futures, et celles de l'espace : il se décline au niveau international avant de se préciser au niveau national.

Sur la scène internationale, le débat sur l'environnement est sans doute celui qui rencontre le plus aisément un consensus, voire une réelle solidarité. L'accord se fait à une forte majorité pour la signature de conventions sur la protection d'espèces menacées ou de zones fragiles et sur la proclamation de principes tels ceux affirmés en 1972, à la Conférence de Stockholm, alors que les jeunes écologistes scandaient : « Nous n'avons qu'une seule Terre ! » La notion d' *écodéveloppement* se renforce, comme l'a montré la Conférence de Rio de juin 1992 sur un développement durable fondé sur un partenariat mondial. Ce consensus n'est pas toujours acquis comme le prouve le refus de certains pays, tels les États-Unis, de signer le Protocole de Kyoto, sur le protection de l'air.

La réconciliation des États sur la scène internationale devrait se prolonger au niveau national, mais les écologistes qui, à l'origine, se tenaient à l'écart des partis, ont perdu leur indépendance en formant un « parti vert », lequel est conduit à des compromis et à des dissensions internes.

L'environnement aura rendu patente la *solidarité* entre les diverses disciplines scientifiques et entre les diverses branches du droit. Il est manifeste que le droit de l'environnement ne peut être dissocié des études menées en biologie, physique, chimie, géographie, sociologie, ethnologie, économie... Quant à la complémentarité des droits public, civil et pénal, elle a maintes fois l'occasion de s'affirmer ; la discipline qui, à l'origine, se rattachait plutôt au droit administratif fait une place de plus en plus importante au droit communautaire, au droit civil (devoirs des entreprises à l'égard de l'environnement) et, désormais, au droit constitutionnel.

Enfin, on avancera l'idée que le droit de l'environnement devrait permettre la réconciliation, si ardue à entreprendre, entre le *droit positif* et le *droit naturel*. Une matière aussi technique, intimement unie aux sciences exactes, ne peut se dispenser de réglementations précises, vétilleuses. La science des faits est une partie de la science du droit. Néanmoins, comme il s'agit d'ordonner par des règles la nature elle-même dans ce qu'elle a de plus essentiel, comme il convient de s'exercer à l'art de la chose juste, le droit de l'environnement ne saurait se réduire au constat des règles existantes mais doit se livrer à une opiniâtre recherche fondée sur l'observation de la nature, ses causes finales, ses orientations natives, les victoires sur l'entropie de la conservation et de la perpétuation des espèces. Dans cette démarche téléologique, l'utilité n'est pas utilitarisme car elle sert l'Esthétique, le Mieux-Être, le Mieux-Vivre préférés au Mieux-Avoir. Il semble que la querelle entre les partisans de l'*anthropocentrisme* (l'homme et non la nature a des droits) et ceux de l'*écocentrisme* (la nature aussi a des droits) puisse échapper au manichéisme car les droits de la nature et les droits de l'homme sont indissociables, et servir la nature, c'est aussi servir l'homme. L'homme n'est plus « maître et possesseur de la nature », comme au siècle des Lumières, lorsque celle-ci était à son seul service et à celui du Progrès. Homme et nature sont complices, inséparables, car mutiler la nature, c'est, pour l'homme, se mutiler lui-même[1].

Cet ouvrage renoncera au droit-recherche et n'aura d'autre ambition que de présenter le droit-règle en essayant de dégager les dispositions essentielles d'un ensemble de plus en plus touffu dont la cohérence et l'intelligibilité ne sont pas toujours évidentes.

Le jeune droit de l'environnement puise à diverses sources : quelques grandes lois, trop rares, dont la plus générale demeure celle sur la protection de la nature du 10 juillet 1976, d'innombrables lois spécifiques souvent trop bavardes, des décrets, arrêtés, circulaires, nomenclatures et des textes d'origine communautaire de plus en plus nombreux. Le rôle du juge est important et les dialogues entre juridic-

1. Quant à revendiquer le droit pour la nature à ester en justice (fameuse affaire des « arbres » du Yellostone aux États-Unis), il n'en est pas encore sérieusement question.

tions se nouent de plus en plus. La Cour de justice des Communautés européennes (CJCE), dans l'interprétation qu'elle donne des textes communautaires, guide la jurisprudence des juridictions nationales. La Cour européenne des droits de l'homme (CEDH) intervient plus rarement car la Convention européenne des droits de l'homme fait peu de place à l'environnement et il sera intéressant d'observer comment se déroulera, au niveau national, le dialogue entre le Conseil d'État, la Cour de cassation et désormais le Conseil constitutionnel lorsqu'ils seront confrontés à des questions voisines.

L'environnement, notion « caméléon », se situe entre une acception trop étroite : la protection de la nature, et une approche trop globale attirant à elle l'ensemble des problèmes touchant à la qualité de la vie, au « bonheur » des êtres dont saint Augustin a dénombré 228 définitions. Le droit de l'environnement recouvre le droit de la protection de la nature (chap. II), celui de la lutte contre les nuisances (chap. III). Il pénètre, influence, infléchit l'aménagement de l'espace rural et urbain, et celui du patrimoine culturel (chap. IV). Seront préalablement présentées les institutions politiques et administratives au service de ce droit (chap. I). Plutôt que de consacrer une étude spéciale au droit international de l'environnement, ses principales dispositions seront analysées au cours des différents chapitres.

Préliminaire

# LES PRINCIPES FONDAMENTAUX

> « Nous n'avons pas hérité la Terre de nos ancêtres. Nous l'avons empruntée à nos enfants. »
>
> Précepte indien.

*« L'homme a un droit fondamental à la liberté, à l'égalité et à des conditions de vie satisfaisantes, dans un environnement dont la qualité lui permette de vivre dans la dignité et le bien-être. Il a le devoir solennel de protéger et d'améliorer l'environnement pour les générations présentes et futures. »* Dans son principe 1, la célèbre Déclaration de Stockholm de 1972 promeut au rang de droit de l'homme le droit à un environnement de qualité.

## La consécration constitutionnelle

La France a longtemps manifesté une certaine timidité à l'égard de la consécration constitutionnelle des principes fondamentaux du droit de l'environnement, à la différence d'une cinquantaine de constitutions étrangères : Constitutions soviétique de 1991 (art. 29), chinoise de 1978 (art. 11), portugaise de 1976 (art. 66), grecque de 1975 (art. 24), brésilienne de 1988 (art. 225)... Le 1er mars 2005, après quatre années de préparation, une loi constitutionnelle a été adoptée qui inscrit dans le Préambule de la Constitution de 1958 une *Charte de l'environnement* comportant 10 articles lesquels énoncent des droits : « vivre dans un environnement équilibré et respectueux de la santé » (art. 1), droit à l'information et à la participation à l'élaboration des décisions publiques ayant une incidence sur l'environnement (art. 7), et de nombreux devoirs : « prendre part à la préservation et à l'amélioration de l'environnement » (art. 2), contribuer à la réparation des dommages à l'environnement (art. 4), promouvoir un développement durable (art. 6). Le principe de précaution est affirmé (art. 5).

L'ensemble des règles du droit français de l'environnement se trouvent insérées dans le Code de l'environnement adopté, par ordonnance, le 18 septembre 2000, codification à droit constant, rassemblant les textes existants (6 livres et 975 articles), sans autre ambition conceptuelle.

## Un patrimoine commun

La Charte de l'environnement déclare que « l'environnement est le patrimoine commun des êtres humains ». Cette notion, qui ne correspond pas à une définition juridique précise, est reconnue à la fois en droit international : pour le fond des océans et de ses ressources, pour le patrimoine culturel classé patrimoine mondial par l'Unesco, pour le génome humain, et en droit interne : pour le territoire français (art. L. 110 C. urb.), l'eau (art. L. 210-1)[1], et pour « les espaces, ressources et milieux naturels, les sites et paysages, la qualité de l'air, les espèces animales et végétales, la diversité et les équilibres écologiques auxquels ils participent » (art. L. 110). Si la portée juridique du concept reste limitée : peu de jurisprudences l'accueillent, sa valeur symbolique et identitaire devrait conduire à développer – lorsque cela est possible – une gestion collective sans porter atteinte au droit de propriété.

## Information, concertation, participation

Le principe 10 de la Déclaration de Rio, en 1992, proclame le *droit à l'information,* laquelle concerne non seule-

1. Lorsqu'il n'y a pas de référence à un code précis, il s'agira du Code de l'environnement.

ment l'état de l'environnement mais aussi les projets risquant de lui porter atteinte. Ces principes ont été consacrés par la *Convention d'Aarhus du 25 juin 1998*[1]. En France, ces principes avaient été repris dans différentes lois et réglementations mais se heurtaient souvent à la mauvaise volonté des administrations concernées, peu disposées à abandonner leur traditionnelle inclination à l'égard du secret[2]. La constitutionnalisation donne une force nouvelle à ces principes qui disposent (art. 7) que « toute personne a le droit, dans les conditions et les limites définies par la loi, d'accéder aux informations relatives à l'environnement détenues par les autorités publiques et de participer à l'élaboration des décisions publiques ayant une incidence sur l'environnement ». Le droit à l'information et à la participation des citoyens est traité au titre II du Code de l'environnement. Certaines limites concernant le secret de la vie privée, le secret industriel et commercial peuvent être invoquées (cf. la jurisprudence de la Commission d'accès aux documents administratifs)[3]. La constitutionnalisation de la participation devrait inciter le législateur, qui en définit les conditions, à renforcer notamment les droits des associations et la procédure des enquêtes publiques afin de créer une collaboration fructueuse à la préparation des décisions et au suivi de leur exécution.

Une *Commission nationale du débat public* a été mise en place en 1995 (art. L. 121-1 à L. 121-15). Autorité administrative indépendante, elle comprend 21 membres et peut être

1. Convention internationale portant sur l'accès à l'information, la participation du public au processus décisionnel et l'accès à la justice en matière d'environnement.

2. L'État a été reconnu responsable du préjudice subi par les travailleurs de l'amiante pour insuffisance d'information sur les dangers encourus dans le cadre de leur activité professionnelle : CE, 3 mars 2004, *« Thomas »*.

3. La CADA a, par exemple, admis la communication des mesures chiffrées de radioactivité, effectuées en France, après Tchernobyl et des mesures concernant la radioactivité de certaines denrées alimentaires. Elle refuse la communication des informations sur les matières nucléaires elles-mêmes et leur transport.

saisie de projets importants qui, par leur nature ou leur coût prévisionnel, portent atteinte à l'environnement. Elle peut organiser un débat public[1] portant sur l'opportunité, les objectifs et les caractéristiques principales du projet mais ne se prononce pas sur le fond des projets. Lui ont été soumis un projet de ligne à haute tension dans les gorges du Verdon, le choix de l'emplacement du 3e aéroport parisien.

## Prévention, études d'impact

Les procédures de prévention seront fondées sur la prévision et la dénonciation des risques et sur la volonté de combattre non le dommage mais la menace elle-même, ce que la Charte exprime ainsi : « Toute personne doit, dans les conditions définies par la loi, prévenir les atteintes qu'elle est susceptible de porter à l'environnement ou, à défaut, en limiter les conséquences » (art. 3).

La procédure d'étude d'impact, introduite par la loi du 10 juillet 1976, est mise au service de cette prévention : « Les études préalables à la réalisation d'aménagements ou d'ouvrages qui, par l'importance de leurs dimensions ou leurs incidences sur le milieu naturel, peuvent porter atteinte à ce dernier, doivent comporter une étude d'impact permettant d'en apprécier les conséquences » (art. L. 122-1 et s.).

Il y a chaque année près de 6 000 études d'impact réalisées en France : deux tiers pour les projets privés, un tiers pour les projets publics. Les dispenses d'étude sont justifiées par la faiblesse soit des dimensions des ouvrages, soit des incidences sur l'environnement. On a pu regretter que les documents d'urbanisme ne soient pas soumis à étude d'impact, mais cette exemption était compensée par leur obliga-

1. Son refus d'organiser ce débat peut faire l'objet d'un recours pour excès de pouvoir : CE, 17 mai 2002, *« Ass. France Nature Environnement »,* à propos du refus d'un débat sur le projet de la liaison à très gros gabarit pour le transport des pièces d'Airbus A380, entre Toulouse et Bordeaux.

tion de prendre en compte les préoccupations d'environnement, notamment dans le rapport de présentation des plans locaux d'urbanisme. Plus efficace devrait être l'obligation, par l'ordonnance du 3 juin 2004 d'une *évaluation environnementale,* comportant l'établissement d'un « rapport qui identifie, décrit et évalue les effets notables que peut avoir la mise en œuvre du plan ou du document d'urbanisme sur l'environnement » (art. L. 122-5 et s.)

Au fil des années, la jurisprudence a donné une interprétation rigoureuse des cinq rubriques que doit au minimum comporter l'étude d'impact : analyse de l'état initial du site et de son environnement ; analyse des effets directs ou indirects sur l'environnement ; raisons pour lesquelles, parmi les partis envisagés, le projet a été retenu, démonstration qui n'exige pas la présentation de « variantes » mais plutôt d'alternatives reposant sur une réflexion approfondie quant aux choix effectués ; dispositions envisagées pour réduire, sinon supprimer les conséquences dommageables sur l'environnement, analyse des méthodes utilisées pour évaluer les effets du projet.

Une étude d'impact sommaire sinon dérisoire est assimilée à une *absence* et non à une insuffisance : CE, 29 juillet 1983, *« Commune de Roquevaire ».*

L'insuffisance de l'étude peut donner lieu à référé suspension dans les conditions du droit commun Le seuil financier d'exigence d'une étude a été porté de 6 à 12 millions d'euros. Pour certains travaux et ouvrages d'importance moindre, une simple *notice d'impact*[1] est exigée. Les directives européennes adoptées le 18 décembre 1995 et le 3 mars 1997 prévoient des études stratégiques d'impact environnemental contenant « une esquisse des principales solutions de substitution examinées par le maître d'ouvrage et l'indication des principales raisons de son choix ».

1. Ainsi, pour les éoliennes, il n'y aura étude d'impact que pour une production excédant 2,5 MW ; en deçà, une notice d'impact est exigée. L'enquête publique n'est imposée que si la hauteur excède 25 m.

La *Convention d'Espoo,* ratifiée par la France en 2000, laisse prévoir un suivi *a posteriori* et la mise à jour des études.

## Pollueur-payeur, précaution

Le *principe « pollueur-payeur »,* qui n'a pas été expressément inscrit dans la Charte, signifie que l'imputation des dépenses relatives aux mesures de lutte contre la pollution, au lieu d'être supportée par l'ensemble de la collectivité, doit l'être par les pollueurs. Des recommandations de l'OCDE et du Conseil de l'Union européenne ont développé cette orientation qui inspire le traité portant Acte unique européen (art. 130 R. 2°). Introduit dans le droit français par la *loi du 2 février 1995,* ce principe est assez bien supporté par l'ensemble des partenaires (cf., *infra,* le fonctionnement des agences de l'eau). Sa mise en œuvre repose essentiellement sur la taxation des pollutions (écotaxes) et divers mécanismes de compensation.

En France, ces taxations se sont multipliées et, en 1999, certaines d'entre elles : taxes sur les déchets industriels spéciaux, sur le stockage des déchets ménagers, sur la pollution atmosphérique et sur les installations classées, ont été regroupées en une *taxe générale sur les activités polluantes* (TGAP). L'expérience américaine des « permis d'émission négociables », s'agissant des gaz à effet de serre, méthode ingénieuse d'un marché de *quotas d'émission* et d'échange de ces quotas dans une limite globale, a été introduite dans notre droit à la suite de la directive européenne du 13 octobre 2003 (cf. *infra*). Certains ont même pu prétendre que le principe pollueur-payeur se transformerait en un principe payeur-pollueur, donnant à l'industriel, moyennant redevance, un droit à polluer, critique qui apparaît excessive.

Le *principe de précaution,* consacré aux niveaux communautaire (art. 130 R. 2° du traité de Maastricht) et international (principe 15 de la Déclaration de Rio) et repris par la loi du 2 février 1995, a été inscrit dans la Charte (art. 5)[1] en dépit des réticences de certains milieux professionnels qui l'accusaient de freiner l'innovation scientifique et le progrès. Séduisant dans ses finalités – maîtriser le hasard en prévenant des dégradations même incertaines – autant que délicat dans sa mise en œuvre, ce principe devrait être mis en œuvre prudemment par les autorités publiques et le juge. D'ores et déjà, la pratique administrative s'y réfère (cf. l'affaire dite de la « vache folle ») ainsi que la jurisprudence : cf. CE, 25 septembre 1998, *« Ass. Greenpeace France »* à propos de certaines variétés de maïs transgénique, premier arrêt faisant référence au principe de précaution[2].

## Gestion intégrée pour un développement durable

La multiplication des mesures spécifiques de protection et leur éparpillement dans des textes divers ont conduit à rechercher des systèmes de mise en cohérence intégrant les préoccupations environnementales à la réglementation des activités économiques et sociales. Le concept de *développement durable* a été défini par le rapport Brundtland[3] comme « un développement qui s'efforce de répondre aux besoins du présent sans compromettre la capacité des générations futures à satisfaire les leurs ». Le sommet du Développe-

1. « Lorsque la réalisation d'un dommage, bien qu'incertaine en l'état des connaissances scientifiques, pourrait affecter de manière grave et irréversible l'environnement, les autorités publiques veillent, par application du principe de précaution et dans leur domaine d'attribution, à la mise en œuvre de procédures d'évaluation des risques et à l'adoption de mesures provisoires et proportionnées afin de parer à la réalisation du dommage. »

2. La Haute Juridiction surseoit à l'exécution d'un arrêté ministériel autorisant la mise sur le marché de trois variétés de maïs transgénique et renvoie à l'interprétation des instances communautaires lesquelles estiment que la commercialisation est possible. L'arrêté ne sera que partiellement annulé : CE, 22 novembre 2000.

3. Rapport établi pour l'ONU en 1987.

ment durable de Johannesbourg en 2002 a permis de faire le point sur la mise en œuvre des programmes d'action de l'Agenda 21 défini à Rio en ce qui concerne la réduction du gaspillage des ressources naturelles, la lutte contre la pauvreté, la protection de l'atmosphère, des océans, de la faune et de la flore, et la mise en place de pratiques durables dans l'agriculture afin de lutter contre la faim dans le monde.

En France, le concept de développement durable inspire désormais la plupart des politiques. C'est un concept « à la mode » dont la portée effective n'est pas toujours à la hauteur des proclamations. L'obligation d'une gestion intégrée s'observe dans l'émergence du concept de sécurité sanitaire environnementale. Le droit de l'homme à la santé n'est plus seulement individuel mais collectif et la politique environnementale doit garantir la protection de la santé. Par ailleurs, le concept de démocratie sanitaire se développe qui se fonde sur le droit des citoyens à l'information sur les produits et éléments susceptibles de nuire à leur santé : déchets, radioactivité, OGM..., ce que confirme la loi de 2003 sur les risques technologiques, en réaction contre des catastrophes comme celle de l'explosion de l'usine AZF à Toulouse et à des accidents comme ceux dus à l'amiante, ce qui est reproché aux pouvoirs publics étant moins le risque que l'absence d'information sur le risque afin de prévenir les accidents.

Dans le nouveau Code des marchés publics (D. 7 janvier 2004), le développement durable est cité comme un objectif de la commande publique. Les cahiers des charges peuvent intégrer des caractéristiques environnementales qui seront prises en compte pour déterminer l'offre la plus avantageuse lors de la passation du marché.

Chapitre I

# LES INSTITUTIONS DE L'ENVIRONNEMENT

« On est responsable de ce que l'on apprivoise. »

Saint-Exupéry.

Les pouvoirs publics français n'ont pris que tardivement conscience de la nécessité, pour mieux le défendre, de doter l'environnement d'institutions spécifiques. Longtemps, le recours à la coordination interministérielle parut suffire, et il fallut attendre 1971 pour que des structures autonomes apparaissent au niveau politique et administratif, « organisation soumise à une idée », selon la formule de Maurice Hauriou (I). Cette émergence fut facilitée par l'irrésistible pression d'associations de défense de plus en plus vigoureuses qui, auprès des institutions officielles, jouent un rôle déterminant (II), alors même que les principes du droit de l'environnement étaient consacrés par un grand nombre de recommandations et d'accords conclus par les organisations internationales (III).

## I. – Les structures politiques et administratives

La volonté du gouvernement français de doter l'environnement de structures politiques et administratives autonomes remonte aux années 1970, lorsque le président de la République G. Pompidou se déclara décidé à promouvoir une « morale de l'environnement », faute de quoi « le monde deviendrait irrespirable ». En juin 1970, un programme de « cent mesures » est adopté et, peu après, le Haut Comité de l'Environnement voit le jour. Dans cette lancée, le « ministère de l'impossible », première structure autonome de l'Environnement, est mis en place en janvier 1971 et confié à R. Poujade.

Après une période d'instabilité, la place de ce ministère au sein de l'équipe gouvernementale s'est affirmée, alors que celle de ses services reste trop modeste au niveau local.

### 1. **Au niveau central.**

A) *Le ministère chargé de la Protection de la nature et de l'Environnement* resta en place de 1971 à 1974 et, d'abord rattaché au Premier ministre, conquit peu à peu son autonomie. Une ambitieuse réforme, inspirée de l'exemple anglais, intervint en avril 1978, donnant lieu à la fusion de l'Environnement et de l'Équipement en un superministère, celui de l'Environnement et du Cadre de vie, qui resta en fonction jusqu'en 1981. Cette alliance des bâtisseurs et des écologistes fut un événement accueilli avec scepticisme tant il était aisé de prévoir que l'environnement courait le risque d'être absorbé par son ex- et puissant-rival et que la disparition des situations conflictuelles était génératrice d'inertie plus que d'harmonie. Le budget qui lui est consacré demeure modeste : environ 0,3 % du budget de l'État. En 2005, les crédits du ministère étaient de 826 millions d'euros ; ceux du ministère de l'Équipement, de 14 646 millions d'euros.

Au fil des années, des transferts de compétences ont renforcé les pouvoirs du ministère : compétence en matière d'eaux non maritimes, de paysage, de prévention des risques, de publicité et d'affichage. Le ministère est associé, par ailleurs, à l'élaboration de nombreuses politiques : urbanisme, espace rural et forestier, santé...

Il exerce, de surcroît, des compétences dites conjointes, c'est-à-dire un rôle d'impulsion et de coordination interministérielle dans les domaines de l'eau, du bruit, de l'air, des espaces verts.

L'administration centrale du ministère de l'Environnement comprend cinq grandes *directions* : la direction générale de l'administration, des finances et des affaires internationales ; la direction de l'eau ; la direction de la prévention des pollutions et des risques ; la direction de la nature et des paysages ; la direction des études économiques et de l'évaluation environnementale.

B) *Les conseils et les établissements de gestion.* – La participation d'organes consultatifs à la prise de décision est un phénomène particulièrement développé en matière environnementale à cause de sa technicité.

Ces conseils ont soit une *compétence spécialisée* : Comité national de l'eau, Conseil national du bruit, Conseil supérieur des installations classées, de la sûreté et de l'information nucléaire, Comité de prévention des risques naturels majeurs, Commission supérieure des sites, perspectives et paysages, Conseil national de la protection de la nature, de la chasse et de la faune sauvage ; soit une *compétence générale* tel le Conseil pour les droits des générations futures mis en place en 1993, auprès du président de la République (son premier président fut le commandant Cousteau), pour remplacer le Haut Comité de l'Environnement resté, hélas, impuissant depuis sa création en 1970, ainsi que la Commission du développement durable.

Sont rattachés directement au ministère de l'Environnement : des *établissements publics,* tels que l'Office national de la chasse et de la faune sauvage, le Conseil supérieur de la pêche, le Conservatoire de l'espace littoral et des rivages lacustres ; l'Institut national de l'environnement industriel et l'Institut français de l'environnement qui a des missions d'études et de recherche.

Certains établissements sont sous la cotutelle du ministère de l'Environnement et d'autres ministères. Ainsi de l'*Agence de l'environnement et de la maîtrise de l'énergie*

(ADEME) créée en 1992 par la fusion des trois agences chargées de la maîtrise de l'énergie, de la qualité de l'air et de la récupération et de l'élimination des déchets. Elle fonctionne sous la triple tutelle des ministères de l'Environnement, de l'Industrie et de la Recherche. Ainsi des agences de l'eau et de l'*Agence nationale pour la gestion des déchets radioactifs* (ANDRA), de l'Institut national de l'environnement industriel et des risques. La loi du 1er juillet 1998 est à l'origine de la création d'un Institut de veille sanitaire, EP sous la tutelle du ministère de la Santé, d'une *Agence de sécurité sanitaire des produits de santé* et d'une *Agence de sécurité sanitaire des aliments*. En 2001, a été créée une *Agence de sécurité sanitaire environnementale*. Au vide succède le trop-plein, et la coordination s'impose.

La multiplication de ces agences et établissements correspond à la montée en puissance des expertises scientifiques, de tels établissements présentant, en général, les qualités de compétence requises mais souffrant le plus souvent de lourdeur.

2. **Au niveau local.** – Le « strip-tease administratif », qui, selon l'expression de R. Poujade, avait permis l'effeuillage de nombreux ministères afin de doter l'environnement de services et compétences propres, ne fut pas étendu au niveau local, et les compétences tant des services déconcentrés que des collectivités décentralisées restent limitées tout en progressant régulièrement.

A) La *déconcentration* se situe **au niveau régional.** Les Délégués régionaux à l'Architecture et à l'Environnement (DRAE), institués en 1979, ont été remplacés, en 1991, par les Directions régionales de l'environnement (DIREN), regroupant les DRAE et différents services d'aménagement et gestion des eaux.

Les missions des DIREN : études, diffusion des connaissances, contribution à la planification locale, coordination et promotion des politiques de l'État sont importantes, et ces directions deviennent peu à peu l'indispensable intermédiaire entre l'État et les collectivités décentralisées pour faire circuler l'information, coordonner les actions, inciter à la planification et à la contractualisation.

Service extérieur du ministère de l'Économie, des Finances et de l'Industrie, les Directions régionales de l'industrie, de la recherche et de l'environnement (DRIRE) exercent des missions – notamment de contrôle technique – pour le compte du ministère de l'Environnement.

**Au niveau départemental,** l'organisation est légère, puisqu'il n'existe pas de direction départementale de l'environnement. Les directions d'autres ministères jouent un rôle important : direction départementale de l'agriculture et de la forêt, celle des affaires sanitaires et sociales. La direction départementale de l'équipement, elle-même, se voit dans l'obligation de prendre en compte la protection de l'environnement.

Les pouvoirs attribués aux préfets, « dépositaires de l'autorité de l'État dans le département », sont importants en matière environnementale. Les préfets exercent plusieurs polices spéciales : en matière de chasse, pêche, eau, bruit, protection de la nature, installations classées, et ils approuvent de nombreux plans : plans de prévention des risques naturels, plans d'élimination des déchets, schémas départementaux des carrières...

La faiblesse des structures déconcentrées spécifiques est justifiée officiellement par l'idée que les services extérieurs des autres ministères sont mis à leur disposition pour l'exécution des missions qui lui sont confiées, services qui ne sont que « prêtés » et qui demeurent rattachés à leur administration d'origine sans indépendance à son égard.

B) La question se pose de savoir si, à la suite des lois de *décentralisation* de 1982 et 1983, les élus locaux disposent de prérogatives accrues et à quel niveau. La réponse est affirmative, l'article 1er de la loi du 7 janvier 1983 relative à la répartition des compétences ayant posé le principe selon lequel « les communes, les départements et les régions concourent avec l'État à la protection de l'environnement et du cadre de vie ».

• S'agissant des *communes,* aux pouvoirs traditionnels du maire pour la police de la tranquillité et de la salubrité publique, lui permettant de jouer un rôle important pour la prévention et la répression des pollutions et nuisances (art. L. 2213-2 et s. Code général des collectivités territoriales, CGCT), s'ajoutent désormais ses prérogatives et celles de son conseil dans l'élaboration des documents d'urbanisme et la délivrance des autorisations de construire. La loi « solidarité et renouvellement urbain » (SRU) du 13 décembre 2000 insiste sur la place que doit occuper l'environnement dans les nouveaux documents d'urbanisme (PLU et SCOT), contraints de prévoir un projet d'aménagement et de développement durable (PADD). L'article L. 121-1 (C. urb.) énumère les différents objectifs à respecter.

Les communes ont compétence en matière de *polices spéciales environnementales* : ramassage et élimination des déchets domestiques, assainissement de l'eau, affichage et publicité). Afin de se donner les moyens d'une action efficace, les communes s'associent entre elles (SIVOM ou syndicats mixtes) pour les stations d'épuration, le traitement des ordures ménagères et le recyclage des déchets. Les communautés de communes et les communautés d'agglomération de la loi Chevènement du 12 juillet 1999 ont en matière d'environnement une compétence seulement facultative.

• Les *départements* peuvent mener une politique protectrice en utilisant le régime des *espaces naturels sensibles* (cf. *infra*). Ils gèrent les services d'incendie et de secours qui ont aussi en charge la « protection de l'environnement ». L'avis des conseils généraux est de plus en plus déterminant dans la prise des décisions préfectorales.

• Quant aux *régions,* leurs compétences, jusqu'alors limitées, se développent, ce qu'a recherché la *loi relative à la démocratie de proximité* du 27 février 2002 : la région a d'importants pouvoirs en matière de parcs naturels régionaux et de réserves naturelles (cf. *infra*). Elle peut demander à l'État de lui transférer la responsabilité des plans d'élimination des déchets industriels et des plans pour la qualité de l'air. Les contrats de plan État-région consacrent une place de plus en plus importante à l'environnement.

La *réforme constitutionnelle du 28 mars 2003* donne aux collectivités locales vocation à prendre les décisions pour l'ensemble des compétences qui peuvent le mieux être mises en œuvre à leur échelon. Elles peuvent demander à l'État l'autorisation d'*expérimenter* de nouvelles compétences, notamment en matière d'environnement.

## II. – Les associations protectrices de l'environnement

L'environnement est l'affaire de tous, et « toute personne a le devoir de prendre part à la préservation et à l'amélioration de l'environnement (art. 2 de la Charte). La prise de conscience de la lutte à mener pour la protection de l'environnement a été tôt assumée par des citoyens avertis de leurs devoirs autant que de leurs droits et qui choisirent la formule associative pour faire valoir leurs revendications. Avec les associations de consommateurs, les *associations de défense de l'environnement* furent et demeurent aux avant-postes d'une démocratie représentative et participative, leur contribution à la décision étant encore trop ténue pour que l'on puisse parler de démocratie semi-directe. Si elles ont intérêt à rechercher des contacts avec l'administration et des soutiens, y compris financiers, les associations doivent veiller jalousement à préserver leur indépendance afin d'éviter, en collaborant trop étroitement, la récupération.

Le développement du mouvement associatif a connu un vaste essor dans les années 1960-1970. Quantitativement, une évaluation ne peut être qu'approximative. Une approche large englobant l'ensemble des associations intervenant dans les domaines de l'urbanisme et du cadre de vie donne un résultat se situant entre 15 000 et 20 000 groupements. Si l'on ne retient que les associations ayant pour objet la défense de l'environnement *stricto sensu,* le chiffre de 5 000, avancé par le ministère, peut être retenu.

Les associations attirent l'attention sur elles lorsqu'elles adoptent publiquement un comportement contestataire : manifestations sur le plateau du Larzac ou les sites nucléaires, combat contre les grands projets d'équipement : TGV, pont de l'île de Ré, tunnel du Somport. Signe de santé et vigueur, ces humeurs revendicatrices sur le terrain ne doivent pas occulter des actions plus discrètes exercées avec constance et efficacité dans divers domaines. La délivrance d'un agrément à certaines associations est, par ailleurs, envisagée comme un moyen de doter les groupements de prérogatives nouvelles (voir art. L. 141-1 à L. 142-3).

1. **La diversité des missions.** – Elles peuvent se ramener à trois principales : la collecte des informations, la consultation et la participation à la gestion, la revendication contentieuse.

A) *Collecte des informations.* – Une information préventive efficace requiert une connaissance en amont des projets présentant un risque pour l'environnement. Les associations de défense sont le relais privilégié pour collecter l'information auprès des pouvoirs publics et pour faire remonter vers eux les renseignements recueillis auprès des administrés.

Le droit des citoyens à l'information s'est longtemps heurté au prétendu droit au secret derrière lequel se retranchaient les pouvoirs publics. La prudente progression des réformes tendant à l'amélioration des relations entre l'administration et les usagers transforma cette pratique en exception. La loi du 17 juillet 1978 sur la liberté d'accès aux documents administratifs accomplit les progrès les plus remarquables : le droit d'être informé fut érigé en principe, et la *Commission d'accès aux documents administratifs* (CADA), obligatoirement saisie avant tout recours contentieux, a adopté une attitude libérale en faveur d'une information largement entendue.

B) *Consultation et participation à la gestion.* – Le rôle de donneur d'avis des associations, s'il n'a cessé de croître, demeure encore insuffisant. Il se manifeste de plusieurs manières. D'une part, de nombreuses instances consultatives au niveau national ou local réservent des sièges aux représentants des associations : Conseil supérieur des installations classées, Conservatoire de l'espace littoral... D'autre part, les fédérations nationales – telle France Nature Environnement – peuvent être consultées à titre d'experts par les pouvoirs publics à l'occasion de grands projets d'aménagement. En ce qui concerne la préparation des documents d'urbanisme, leur rôle est modeste, à l'exception des associations agréées. La loi du 12 juillet 1983 relative à la « démocratisation des enquêtes publiques et à la protection de l'environnement » permet aux associations de se manifester librement auprès du commissaire enquêteur et de formuler des contre-propositions qui seront consignées dans le rapport rendu public.

C) *Mieux informées, consultées parfois, les associations* ne se voient confier en fait comme en droit qu'un rôle mineur dans la *prise des décisions*. Le maire a toute liberté pour les faire participer ou non à la concertation préalable aux projets d'aménagement (art. L. 300-2 Code urbanisme), et le référendum local reste contrôlé par le conseil municipal et n'est pas décisionnel. Le meilleur moyen de contraindre les pouvoirs publics reste alors la voie contentieuse.

Si le juge n'est pas saisi, il ne peut annuler un projet préjudiciable à l'environnement. N'en déplaise aux grincheux qui critiquent les débordements des recours associatifs, l'intervention, le plus souvent dans l'intérêt général, des associations, mieux armées qu'un simple particulier, est à l'origine de la plupart des grandes décisions jurisprudentielles favorables à la protection environnementale – qu'il s'agisse du recours en annulation ou du recours en responsabilité – et il faut souhaiter que la jurisprudence ne limite pas trop l'intérêt à agir par l'exigence d'une « proximité géographique », ce qui peut conduire à écarter les recours des grandes fédérations régionales. S'agissant des tribunaux judiciaires, l'action en dommages-intérêts devant le juge civil pour intérêt lésé s'inspire du droit commun. C'est devant le juge pénal que la situation a été modifiée. L'action civile jointe à l'action pénale leur fut longtemps refusée. Depuis 1976, ce droit, réclamé par les associations soutenues par la doctrine, leur est accordé, mais seulement si elles remplissent une condition : être agréées.

2. **Les associations agréées.** – L'agrément, procédure imaginée par la loi de 1976, a pour objet de sélectionner certaines associations et de leur accorder certains droits particuliers. La loi du 2 février 1995 leur donne la qualification unique d'*associations agréées de protection de l'environnement* et élargit leurs compétences. Elles bénéficient d'une présomption d'intérêt à agir et peuvent se porter partie civile, devant les juridictions répressives pour les « faits portant préjudice direct ou indirect aux intérêts collectifs qu'elles ont pour objet de défendre » et constituant une infraction à la législation de l'environnement. Elles ont aussi la faculté d'exercer une action en réparation conjointe au profit de personnes physiques ayant subi des préjudices individuels. Elles participent à de nombreux organismes consultatifs et peuvent saisir la *Commission nationale du débat public*. Leur nombre est d'environ 2 000 sur le plan national.

La décision d'agrément est prise par le préfet. L'agrément est donné pour une durée indéterminée. Les associations agréées sont soumises à une certaine surveillance et doivent adresser, chaque année, à l'administration un rapport moral et financier. La suspension ou le retrait de l'agrément peuvent intervenir si ce rapport n'est pas fait ou si l'association ne satisfait pas aux conditions qui ont conduit à la délivrance de l'agrément.

Ces conditions sont d'une part une durée minimale de trois ans, d'autre part un critère de représentativité fondé sur trois facteurs : fonctionnement conforme aux statuts, garanties suffisantes d'organisation, activités désintéressées en faveur de la nature, l'environnement, le cadre de vie. Cette condition de désintéressement a posé des problèmes d'interprétation. Il a été fort justement admis que la défense de la propriété privée foncière, si elle s'ajoutait à une action réelle en faveur de la protection de la nature, n'interdisait pas l'agrément (CE, 13 novembre 1981, *« Deproper »)*. Jusqu'ici le juge n'exerçait qu'un contrôle minimum sur l'octroi ou le retrait d'un agrément. La loi de 1995 en fait un contrôle de pleine juridiction.

## III. – Les organisations internationales

À l'exception de secteurs techniques et spécialisés, il existe peu d'institutions internationales ayant pour vocation l'environnement en général, ce qui peut s'expliquer par le fait que la plupart des grandes organisations internationales ont, depuis quelques années, inscrit à leur programme la défense de l'environnement et de la qualité de la vie. Cette évolution est sensible tant au niveau de l'ONU et de ses institutions spécialisées qu'au niveau européen.

1. **L'ONU et ses institutions spécialisées.** – La prise en compte de l'environnement sur le plan international a correspondu à la reconnaissance des périls qui menaçaient la préservation des biens nécessaires à la survie de la planète, les droits nationaux, alors embryonnaires, étant insuffisants pour régler de nombreux problèmes qui, tels ceux de pollution de l'atmosphère ou des eaux, ignorent et défient l'existence des frontières.

Le concept d'*écodéveloppement* inspire la fameuse Déclaration de la Conférence des Nations Unies sur l'Environnement tenue à Stockholm en juin 1972, à l'initiative de l'Assemblée générale des Nations Unies[1] :

« L'homme a un droit fondamental à la liberté, à l'égalité et à des conditions de vie satisfaisantes, dans un environne-

1. Le Préambule en 7 points et les 26 articles de la Déclaration n'ont pas force obligatoire.

ment dont la qualité lui permet de vivre dans la dignité et le bien-être » (principe 1). Il a aussi « le devoir solennel de protéger et d'améliorer l'environnement pour les générations présentes et futures », qui ne peut être garanti que par le développement économique et social (principe 8). La relation entre les processus économique et écologique est soulignée avec insistance. La Déclaration énumère les différentes voies pour atteindre ces objectifs : échanges d'informations, coopération scientifique, transferts de technologie, et rappelle certaines règles de droit international public, en particulier celle de « bon voisinage », c'est-à-dire le devoir de chaque État de veiller à ce que les activités exercées à l'intérieur de ses frontières ne portent pas préjudice à l'environnement des États voisins. Ce principe, formulé par la *Cour internationale de justice* dans l'affaire du détroit de Corfou (arrêt du 9 avril 1949) : « Aucun État ne peut utiliser son territoire aux fins d'actes contraires aux droits d'autres États », a été repris dans d'autres affaires, telle la sentence arbitrale du lac Lanoux du 16 novembre 1957.

À la suite de cette conférence, l'Assemblée générale mit au point les structures institutionnelles du *Programme des Nations Unies pour l'Environnement* (PNUE) : Conseil d'administration, Comité de coordination installé à Nairobi, Fonds, Directeur et Secrétariat. Chargé de la politique générale, le conseil d'administration adresse, chaque année, un rapport à l'Assemblée générale sur ses activités.

Plusieurs institutions spécialisées de l'ONU sont à l'origine de mesures importantes en matière d'environnement. C'est le cas de l'*Unesco* (Programme « Man and Biosphere », lancé en 1970 ; élaboration de la *Convention de Ramsar* sur les zones humides et de la Convention pour la protection du patrimoine, signées en 1972), de la FAO (Charte mondiale des sols, 1981), de l'OMS, chargée, en particulier, de la surveillance de l'état de l'environnement dans le cadre du « Plan Vigie », et du système global GEMS, de l'OCMI.

On signalera aussi l'UICN, Union internationale pour la conservation de la nature et de ses ressources, à l'origine d'une stratégie mondiale de la biodiversité tendant à la sauvegarde des systèmes naturels et de la richesse génétique. Ses 85 propositions d'action sont insérées dans la *Convention sur la diversité biologique* adoptée le 22 mai 1992.

2. **Les institutions européennes.** – Très tôt, le *Conseil de l'Europe* a pris des initiatives en matière d'environnement, créant pour l'assister, dès 1962, un comité d'experts, organisant de nombreuses conférences à la suite desquelles furent signées des conventions importantes, telle celle sur la *protection de la vie sauvage et du milieu naturel en Europe,* conclue à Berne le 19 septembre 1979, celle sur la *responsabilité civile pour les dommages résultant d'activités dangereuses pour l'environnement* signée à Lugano en 1993 et celle sur les paysages signée à Florence en octobre 2000.

L'*OCDE* a adopté d'intéressantes décisions et recommandations mettant en relief la connexité du développement économique et de l'environnement : convention sur les pollutions transfrontières, accords sur certains produits chimiques dangereux tels l'oxyde de soufre et le mercure.

S'agissant de l'*Union européenne,* alors que l'environnement n'était guère pris en compte par le *traité de Rome, l'Acte unique* entré en vigueur le 1er juillet 1987 se donne pour objectif de « préserver, protéger, améliorer la qualité de l'environnement » (art. 130 R.). Il est affirmé que « les exigences en matière de protection de l'environnement sont une composante des autres politiques de la Communauté ». Les *traités de Maastricht et d'Amsterdam* poursuivent cet engagement, optant pour une « croissance durable et harmonieuse respectant l'environnement ». L'intégration des exigences environnementales dans la définition et la mise en œuvre des autres politiques de l'Union est devenue une obligation à part entière. On est passé, a-t-on pu dire, du zéro à l'infini. Outre les règlements, fort nombreux en droit de l'environnement, l'importance des directives communautaires n'a cessé de croître tant en nombre qu'en force juridique. Le Conseil d'État : CE Ass., 28 février 1992,

« *SA Rothmans et SA Philipp Morris* », oblige à la transposition des directives en droit interne et, dans l'arrêt CE Ass., 3 février 1989, « *Alitalia* », impose l'abrogation des règlements internes qui violeraient une directive communautaire. La transposition des directives se heurte parfois à des résistances à l'origine de retards sanctionnés par la CJCE. C'est le cas, notamment, de la directive « *Oiseaux* » du 2 avril 1979 et de la directive « *Habitats* » du 21 mai 1992. Le Conseil d'État décide que les normes internes qui ne respecteraient pas les objectifs des directives non transposées dans les délais sont irrégulières.

Chapitre II

# LE DROIT DE LA PROTECTION DE LA NATURE

> « Personne n'oserait affirmer que le parfum de l'aubépine est inutile aux constellations. »
>
> Victor Hugo.

Ni sujet ni objet, la nature est un projet que le droit doit encadrer et assister dans ses finalités premières, l'écologie étant tout autant science de l'homme que science de la nature. L'homme a lutté contre la nature, il a cherché à la dominer, il doit rechercher désormais la symbiose. Sur ce nouvel ordre écologique, les philosophes se plaisent à disserter[1], insistant sur une mission sacrée des hommes : gardiens de la nature au nom des générations futures.

On assiste dès lors au passage d'une logique de gestion utilitaire des ressources naturelles à la prise en compte de la *biodiversité,* c'est-à-dire la diversité des écosystèmes et des ensembles vivants, dans la perspective d'un *développement durable* qui ne compromet pas le renouvellement harmonieux des ressources et leur survie. Parallèlement, le dispositif de protection des espèces est complété par un dispositif de protection des espaces : les *habitats naturels* et les *niches écologiques*.

Fondée en 1948, l'Union internationale de conservation de la nature (UICN), qui regroupe des associations et des États, a aidé, en coopération avec le PNUE et le WWF, à

1. Voir notamment les ouvrages de Hans Jonas, Luc Ferry, François Ost, Paul Ricœur, Michel Serres.

l'élaboration de la *Charte mondiale de la nature,* adoptée par l'ONU en 1982, qui proclame l'obligation pour chaque État d'assurer la survie de chaque espèce sauvage ou domestique. La Convention de Rio sur la diversité biologique pose dans son Préambule que la conservation de la diversité biologique, qui concerne aussi bien la faune et la flore que les habitats, est une « préoccupation commune de l'humanité ».

## I. – La protection des espèces animales

Les quelques décennies du XX^e siècle auraient réussi à détruire autant d'espèces animales que les deux précédents millénaires. Désormais des systèmes de protection, concernant surtout les espèces sauvages menacées de destruction, se sont développés. Quant au droit de la pêche et surtout de la chasse, les prises de position à l'égard d'activités considérées comme traditionnelles et légitimes par les uns, comme dangereusement prédatrices par les autres, ont pour conséquence les difficultés à mettre au point une réglementation prenant en compte l'ensemble des intérêts en présence ; le débat autour des ours et des loups en est un exemple.

### 1. La préservation des espèces menacées.

A) *Conservation des écosystèmes.* – Selon l'UICN, 24 % des espèces de mammifères et 15 % des espèces d'oiseaux présentent un « haut risque d'extinction. La 7^e conférence sur la biodiversité qui s'est tenue à Kuala Lumpur en février 2004 a constaté l'insuffisance de l'application des principes définis à Rio. Un projet est présenté tendant à la création d'un comité scientifique international chargé d'expertise scientifique afin de lutter notamment contre la biopiraterie à laquelle se livrent certaines multinationales pharmaceutiques ou agro-industrielles en prélevant puis brevetant des organismes vivants. Nombreux sont pourtant les textes et les systèmes destinés au maintien de la diversité biologique des écosystèmes.

– *Au niveau international.* La conservation de la faune et de la flore sauvages a fait l'objet de plusieurs conventions internationales.

La *Convention de Ramsar* (1971) porte sur la protection des zones humides d'importance internationale et la *Convention de Washington* (1973) sur le commerce international des espèces menacées d'extinction (CITES). Cette dernière a pour objet de lutter contre les trafics internationaux d'animaux ou de végétaux sauvages, morts ou vivants. Toute transaction donne lieu à un permis d'exportation de la part du pays d'origine et d'importation de la part du pays importateur. La réexportation des produits transformés nécessite la délivrance de certificats.

La *Convention de Berne,* signée en 1979, porte sur la conservation de la vie sauvage et du milieu naturel de l'Europe. Elle reconnaît une « valeur intrinsèque » au patrimoine naturel, ce qui entraîne l'obligation pour les États d'assurer la conservation des espèces et des habitats.

En outre, deux directives CEE sont intervenues : la directive *« Oiseaux »* (1979) et la directive *« Habitats »* (1992), qui cherchent à établir des réseaux intégrés de protection européens. 490 espèces végétales et 293 espèces animales sont protégées par la directive. À la suite d'inventaires, une liste de zones spéciales de conservation (ZSC) est établie par la Commission. Les zones sont regroupées dans le réseau Natura 2000 (cf. *infra*). Les États membres doivent mettre en place des plans de gestion et des mesures de protection appropriées à l'intérieur des zones[1].

– *Au niveau national.* Diverses mesures spéciales de protection ont été imaginées pour préserver les écosystèmes.

Il s'agit notamment des *arrêtés de biotopes,* pris par le préfet pour tout ou partie d'un département et pouvant interdire les actions portant atteinte à l'équilibre biologique d'un milieu : destruction de talus ou de haies, épandage de

1. La CJCE a condamné à plusieurs reprises la France pour non-respect et non-transposition, dans les délais, de ces directives.

produits parasitaires... Le juge administratif contrôle la légalité de ces interdictions.

Il s'agit aussi des ZNIEFF (zones naturelles d'intérêt écologique, floristique et faunistique). 14 600 ont été répertoriées par le Muséum d'histoire naturelle.

Les ZNIEFF n'ont pas de valeur juridique propre. Mais elles sont d'une grande utilité pour la préparation des documents d'urbanisme ou des études d'impact qui doivent les prendre en compte.

B) *Préservation des espèces sauvages.* – Elle résulte à la fois de listes limitatives établies par le ministère de l'Environnement et de mesures de *réintroduction* d'espèces devenues rares : le loup, le lynx et l'ours notamment.

– Une série d'arrêtés interministériels sont intervenus, établissant des listes limitatives d'espèces animales faisant l'objet d'une *protection intégrale,* listes concernant les mollusques, les amphibiens et reptiles, les mammifères, les oiseaux, les poissons dont la capture, la destruction, la mutilation, la naturalisation, la vente ou l'achat sont interdits.

D'autres espèces : goéland argenté, grenouille verte, vipère, aspic, loutre, fouine, belette, hermine... ne font l'objet que d'une *protection partielle,* c'est-à-dire que sont seuls interdits la naturalisation, la mutilation, la vente ou l'achat, alors que la capture et la destruction demeurent autorisées.

– La procédure d'*autorisation préalable* a été prévue dans plusieurs hypothèses. D'une part, la production, la cession, l'importation, l'exportation de certaines espèces, inscrites sur une liste, doivent être autorisées par arrêté du ministre chargé de la protection de la nature. D'autre part, les expériences sur des *animaux* dits *de laboratoire* sont sévèrement contrôlées. Des autorisations sont accordées à titre permanent aux établissements scientifiques et, pour une durée limitée, aux chercheurs individuels, seulement s'il y a nécessité et si aucune autre méthode expérimentale n'est possible.

Le régime le plus rigoureux d'autorisation préalable et de contrôle concerne les *zoos,* dont l'existence même est l'objet de controverses.

L'encadrement juridique de la réintroduction des espèces menacées demeure incertain et les destructions que peuvent causer le loup, l'ours, le grand cormoran ont suscité les protestations des agriculteurs et des bergers. L'article 9 de la Convention de Berne autorise, s'il n'existe pas d'autre solution, la capture et la mise à mort d'animaux dangereux, ce qui ajoute à la complexité du problème. Les dérogations à la non-capture sont possibles mais doivent demeurer proportionnées aux dommages causés (CE, 2 décembre 2002, *« Commune de Breil-sur-Roya »,* à propos des loups du Mercantour, le législateur venant d'autoriser la destruction de 6 loups chaque année).

2. **Le droit de la chasse.** – Rien n'interdit de rêver à une harmonieuse complémentarité entre les défenseurs de la nature et les chasseurs, la gestion commune par un même ministère attestant la possibilité d'une collaboration bénéfique aux différents partenaires. La réalité est différente. À la croissante pression cynégétique a répondu, avec de faibles moyens, une riposte énergique des défenseurs de la faune, et les pouvoirs publics ont tenté de maîtriser ce phénomène. La réglementation est abondante, mais imparfait est son respect, faute de contrôles et de sanctions suffisants. Pour les élus, s'aliéner les voix des 2 300 000 chasseurs risque d'être une erreur politique. Si le droit de chasse n'est pas un droit fondamental au regard de la Convention européenne des droits de l'homme (CEDH), la liberté de chasser, proclamée la nuit du 4 août 1792, fut conçue comme une abolition des privilèges.

Deux ordres de réglementation seront distingués : celui du droit commun de la chasse et celui de la chasse de certaines espèces faisant l'objet d'une protection particulière. Dans les deux cas, la réglementation communautaire fait sentir ses effets. La chasse est traitée aux articles L. 411-1 à L. 415-5 du Code de l'environnement.

A) *Le droit commun de la chasse.* – La *démocratisation* de la chasse date de la Révolution française. Le gibier, conformément au droit romain, est *res nullius,* c'est-à-dire qu'il appartient à celui qui s'en empare. S'opposant à Robespierre qui défendait la liberté illimitée, Mirabeau fait voter une loi qui réserve la chasse aux propriétaires. La chasse libre, dite banale, se répand cependant qui conduit à la dissociation du droit de chasse et du droit de propriété : loi du 3 mai 1844 et loi du 10 juillet 1964, dite *loi Verdeille*. Cette loi, modifiée en 2000 et qui ne s'applique qu'à certains départements, forme avec les textes organisant les réserves de chasse et ceux ayant introduit l'obligation du permis de chasse l'essentiel du droit commun de la chasse à l'heure actuelle. Le principe de gestion durable est renforcé[1].

*a) Fédérations départementales de chasseurs et associations communales de chasse agréées.* – La gestion et la police de la chasse sont confiées aux chasseurs par l'intermédiaire, notamment, des fédérations départementales (FDC) qui ont pour objet de « représenter les intérêts des chasseurs, d'aider leurs adhérents et de coordonner leurs efforts en vue d'améliorer la chasse dans l'intérêt général ». Leur force repose sur un corporatisme puissant et la gestion du produit financier de la taxation prélevée sur le permis de chasse : les chasseurs fournissent 90 % des ressources de l'*Office national de la chasse et de la faune sauvage* (ONC), EPA sous la tutelle du ministre de l'Environnement, et occupent le tiers des sièges au conseil d'administration.

La loi du 10 juillet 1964, mise en œuvre dans une trentaine de départements, a créé des *territoires de chasse* gérés par des *associations communales de chasse agréées* (ACCA). « Taillée sur mesure pour les chasseurs », a-t-on pu dire, la loi obligeait les propriétaires fonciers de terrains d'une superficie inférieure à 20 ha (en moyenne) à adhérer à une ACCA. Qu'ils soient ou non favorables à la chasse, cette

1. « La gestion durable du patrimoine faunique et de ses habitats est d'intérêt général. La pratique de la chasse, activité à caractère environnemental, culturel, social et économique participe à cette gestion et contribue à l'équilibre entre le gibier, les milieux et les activités humaines en assurant un véritable équilibre agro-sylvo-cynégétique » (art. L. 420-1).

adhésion était automatique.. En liaison avec les fédérations départementales de chasseurs, les ACCA doivent jouer un rôle essentiel en matière de repeuplement en gibier, et pratiquer une autodiscipline sévère à l'égard de leurs membres.

*b) Les réserves et les plans de chasse.* – La conservation du patrimoine cynégétique par le repeuplement est à l'origine d'une politique de *réserves* où la chasse pourra être totalement ou partiellement interdite. Ces réserves sont de différents types : sur le territoire communal devront obligatoirement être prévues les réserves des ACCA, sur une superficie minimale d'un dixième de la superficie gérée par l'association ; au niveau national, des réserves nationales de chasse et de faune sauvage peuvent aussi être créées ; outre l'interdiction de la chasse, l'accès du public, la circulation, le stationnement peuvent être sévèrement limités.

– L'objet des plans de chasse (devenus *plans de gestion*) est la protection sur l'ensemble du territoire de certaines espèces particulièrement menacées.

L'article L. 225-2 du Code rural rend les plans obligatoires sur tout le territoire français, en ce qui concerne les grands animaux (cerf, chevreuil, chamois, bouquetin...), le gibier d'eau et éventuellement toutes autres espèces. Chaque année, le préfet fait connaître le nombre d'animaux dont l'abattage pourra être autorisé, ce que le ministre approuve ou modifie. Chaque animal tué sera pourvu par le chasseur d'un bracelet marqué du numéro du département, du millésime de l'année et d'une lettre correspondant à sa catégorie. À la clôture de la chasse, un compte rendu de campagne est adressé au directeur départemental de l'agriculture.

– À la suite de l'arrêt de la CEDH du 29 avril 1999, *« Chassagnou c/ France »,* qui estimait que l'application de la loi Verdeille porte une atteinte injustifiée au droit de propriété et à la liberté d'association, créant, de surcroît, des inégalités entre grands et petits propriétaires fonciers, la *loi du 24 juillet 2000,* loi de circonstance, tente un compromis entre les intérêts en présence. Les fédérations départementales perdent leur pouvoir de police qui devient compétence exclusive de l'État : ainsi, elles devront prévenir mais non plus réprimer le braconnage. Un droit de non-chasse est reconnu aux propriétaires qui peuvent s'opposer à l'inclusion de leur terrain dans une ACCA. Devenus plans de gestion, les plans de chasse prennent en compte le développement durable. La *loi du 23 février 2005 sur les territoires ruraux* insiste sur l'équilibre devant exister entre la chasse, l'agriculture et la protection de la forêt prévoit le développement contrôlé du tourisme cynégétique et revoit le système des schémas départementaux de gestion en relation avec les orientations régionales.

B) *Les espèces faisant l'objet d'une protection particulière.* – Il existe plusieurs listes énumérant des espèces protégées qu'il est interdit de chasser (castor, genette, loutre, ours brun), ou que l'on peut chasser mais de façon limitée (fouine, belette, putois). Pour d'autres, la mise en vente, l'achat ou le colportage sont, durant certaines périodes, interdits. Des règles spécifiques s'appliquent à la chasse aux nuisibles et à celle des migrateurs. Dans l'un et l'autre cas, on est passé d'une chasse librement autorisée à un contrôle sévère dû à la menace de disparition des espèces[1].

*a) La chasse aux nuisibles.* – Elle a pour origine une pratique originale ancienne (cf. arrêté de 1814), celle de la louveterie. Des lois de 1971 et 1975 ont modernisé le corps des « sergents louvetiers » chargés d'exécuter des battues administratives ordonnées par le préfet et nommés par lui pour trois ans, accomplissant une mission de service public qu'ils exercent à titre bénévole. La liste d'espèces classées « nuisibles » est établie par le ministre de l'Environnement.

Actuellement la catégorie des « nuisibles » et animaux dits « malfaisants » tend à disparaître, leur utilité dans

1. Des problèmes subsistent : opposition des bergers à l'introduction du loup et de l'ours. Le Conseil d'État a reconnu la responsabilité *sans faute* de l'État pour les dommages causés à des piscicultures par des grands cormorans : CE, 30 juillet 2003, *« Ass. pour le développement de l'aquaculture »*, jurisprudence qui devrait rester exceptionnelle.

l'équilibre des espèces ayant été démontrée : ainsi, les rapaces sont désormais protégés et des régimes spécifiques d'indemnisation sont prévus. L'objectif de protection des espèces menacées l'emporte donc désormais sur celui de lutte contre les nuisibles, d'autant qu'une loi du 27 décembre 1968 a mis en place un système de réparation quasi automatique des *dégâts causés aux cultures par le grand gibier,* l'indemnisation pouvant aller jusqu'à 95 %. L'Office national de la chasse gère le fonds d'indemnisation.

*b) La chasse des espèces migratrices.* – Nombreux sont, depuis quelques années, les textes tendant à réglementer la chasse dite maritime (permis, redevance spéciale), celle sur le domaine public maritime (contrôle par des associations de chasse), et les textes énumérant les espèces d'oiseaux migrateurs dont la capture ou la commercialisation est interdite. Nombreux sont les dérogations, les abus non sanctionnés sous la pression des chasseurs qui se réclament de pratiques ancestrales et s'emploient à contourner la loi. Ainsi la chasse aux grives, merles, palombes, tourterelles, alouettes avec des « pantes » ou du haut de « pylônes » est-elle justifiée comme traditionnelle et pratiquée en dépit des protestations sur le terrain des protecteurs de l'environnement.

Ces derniers s'appuient désormais sur la *directive « Oiseaux » du 2 avril 1979,* considérant les espèces migratrices comme un patrimoine commun à sauvegarder et prévoyant des mesures d'interdiction ou de limitation selon les espèces.

Le respect de cette directive est loin d'être assuré en France. Des arrêtés préfectoraux et ministériels autorisent de manière anticipée l'ouverture de ces chasses ou retardent leur fermeture. Lorsque interviennent les annulations contentieuses, il est évidemment trop tard pour les faire appliquer.

Pourtant, le juge administratif, saisi de plus en plus souvent, se montre ferme pour faire respecter les dates légales telles que fixées par la directive. Le conflit entre Paris et Bruxelles a été vif lorsque le Parlement français a fixé des dates d'ouverture et de fermeture, en violation des dispositions de la directive (loi du 3 juillet 1998[1]) Dans un arrêt d'assemblée du 25 janvier 2000, *« Ass. pour la protection des animaux sauvages »,* le Conseil d'État renvoie à la CJCE la question de savoir dans quelle mesure la directive permet des dérogations. La situation reste indécise.

3. **Le droit de la pêche.** – Moins revendicatifs que les chasseurs, les pêcheurs *en eaux fluviales* se sont concilié l'estime des défenseurs de l'environnement car ils furent les premiers protagonistes du combat mené contre la pollution des eaux.

Les abus sont moins le fait des pêcheurs en eau douce que celui des pêcheurs en mer où l'*overfishing* et la concurrence souvent déloyale entre les États posent de graves problèmes.

A) *La pêche en eau douce.* – La législation sur la pêche est ancienne (cf. loi de 1829), fondée sur l'idée d'une gestion collective par des associations qui virent le jour dès la fin du XIX^e siècle (voir art. L. 430-1 à L. 438-2).

*a) L'exercice du droit de pêche.* – Les usages de l'eau varient en fonction de la nature juridique des cours d'eaux envisagés. Le droit de pêche, dans les *cours d'eaux domaniaux,* appartient à l'État. Toute personne membre d'une association agréée et ayant acquitté la taxe piscicole a le droit d'y pêcher. C'est la pêche dite « banale », droit accordé à tous qui fut proclamé à la Révolution, confirmant une tolérance d'Ancien Régime. Les pêcheurs bénéficient en outre d'une servitude de passage d'une largeur de 3,25 m sur les propriétés riveraines et du droit d'utiliser le chemin de halage le long des canaux de navigation.

1. Perfidement il avait été décidé que la loi ne serait pas assortie de décrets d'application afin d'éviter un contentieux devant le Conseil d'État. Il fallut saisir le Conseil constitutionnel qui invalida. Par ailleurs, le Conseil d'État annula le refus de déclasser certaines dispositions de la loi qui ressortissaient à la compétence décrétale : CE, 3 décembre 1999, *« Ass. ornithologique et mammologique de Saône-et-Loire ».*

Par contre, le lit des *cours d'eaux non domaniaux* appartient aux propriétaires des deux rives, chacun en ayant la moitié et possédant le droit de pêche jusqu'au milieu du cours d'eau. Les pêcheurs devront obtenir l'autorisation du propriétaire riverain, lequel reste libre de la refuser. Le droit de passage est, en général, inclus dans cet accord.

Deux régimes particuliers ont été prévus : celui des *eaux closes* où les poissons, considérés comme immeubles par destination, appartiennent au propriétaire des eaux qui en a le libre usage, et celui des *établissements de pisciculture* soumis, depuis la loi de 1984, à un contrôle rigoureux (création après autorisation préalable ou contrat de concession et application éventuelle de la législation sur les installations classées).

*b) La protection du patrimoine piscicole.* – Elle est proclamée d'*intérêt général* par la loi du 29 juin 1984, ainsi que la préservation des milieux aquatiques (art. L. 230-1 Code rural). Il est précisé : « La protection du patrimoine piscicole implique une gestion équilibrée des ressources dont la pêche, activité sociale et économique, constitue le principal élément. »

La protection du patrimoine sera l'objet de mesures d'interdiction ou de limitation de la pêche pendant certaines périodes et en fonction de la taille des poissons et des engins utilisés. Ces dispositions sont prises par décret en Conseil d'État. Ainsi la pêche au saumon fait-elle l'objet d'une protection particulière, comme celle de l'esturgeon. Par ailleurs, le repeuplement est lui-même contrôlé : les espèces « susceptibles de provoquer des déséquilibres biologiques » sont interdites, d'autres doivent être autorisées.

Le souci de préservation des milieux aquatiques est à l'origine de règles particulières. Outre l'autorisation spéciale exigée avant tout aménagement d'ouvrage et exécution de travaux dans le lit d'un cours d'eau, outre l'obligation d'installer des dispositifs destinés à faciliter la libre circulation des poissons migrateurs (cf. échelles à saumons), le législateur a imposé l'obtention d'une autorisation préalable à toute vidange des plans d'eau des retenues hydro-électriques (en dépit des protestations d'EDF) et l'obligation pour les propriétaires de cours d'eau d'en entretenir le lit et les berges, faute de quoi l'administration pourrait faire réaliser d'office les travaux nécessaires aux frais du propriétaire.

Des *réserves* peuvent être instituées dans certains cours d'eau ou dans des lacs et étangs où la pêche sera interdite pour une durée déterminée. Des résultats intéressants peuvent être attendus des *schémas départementaux* qui prévoient des *plans de gestion* pour la protection et la mise en valeur du patrimoine piscicole.

B) *La pêche maritime.* – L'*overfishing,* c'est-à-dire la surexploitation des ressources halieutiques, s'est trouvé renforcé par le progrès technique : bateaux devenus de véritables usines flottantes, détection des poissons par radar. Certaines espèces sont menacées de disparition, et le capital halieutique est d'ores et déjà gravement endommagé.

Les accords internationaux, que les États sont parvenus difficilement à conclure, se heurtent à deux obstacles majeurs : la difficulté d'exercer un contrôle de l'application des conventions en haute mer ; la crispation nationaliste des États riverains, s'agissant du régime de la mer territoriale et de la zone économique. Le texte fondateur demeure la *3e Convention de Genève de 1958* sur la pêche et la conservation des ressources biologiques de la mer, mais la véritable « constitutionnalisation des mers » est la *Convention sur le droit de la mer,* signée à Montego Bay le 10 décembre 1982, dont l'ambition est de fixer un « nouvel ordre maritime mondial ».

*a) Haute mer.* – La liberté de navigation et la liberté de la pêche demeurent le principe.

La vieille idée reçue de Grotius selon laquelle les richesses de la mer seraient inépuisables est depuis longtemps abandonnée, et une police de la pêche en haute mer a été organisée, tendant d'une part à la protection des pêcheurs et de leurs engins, d'autre part, et surtout, à la protection des richesses biologiques, exercée non plus en faveur des pêcheurs mais contre leur « zèle ». Les dispositions contre la pollution des mers (cf. *infra*) complètent ce dispositif.

Des conventions internationales protègent les espèces contre des prises abusives : conventions sur les *phoques à fourrure* dont la pêche est interdite mais non la chasse sur terre avec les abus que l'on sait ; conventions limitant la capture des *baleines,* pour l'application desquelles une commission internationale a été mise en place qui ne peut faire que des propositions. Par ailleurs, de nombreux accords internationaux ont été conclus, sous l'égide souvent de la FAO, afin d'assurer, dans certaines zones, une gestion rationnelle des stocks par la collaboration des États côtiers. Ainsi la *Convention pour l'Atlantique-Nord-Est* signée en 1946, celle *pour l'Atlantique-Nord* signée en 1949, celles *sur l'Antarctique* : traité de Washington (1959) complété par le Protocole de Madrid (1991).

Mais un évident divorce existe entre ces règles et leur application, faute d'un contrôle efficace, lequel est mal accepté par les pêcheurs habitués à un régime de liberté et mollement assuré par les États parties aux conventions, dont le réflexe est de soutenir la cause de leurs ressortissants. Quant à l'aménagement d'un contrôle international, seul système effectif envisageable, il paraît utopique tant immense serait sa tâche, sauf à fonder quelques espoirs sur le progrès dans les techniques de détection des infractions.

*b) Mer territoriale et zone économique.* – Il est admis depuis longtemps que l'État riverain dispose dans ses eaux territoriales (d'une largeur de 12 milles) d'un droit de pêche exclusif. D'une pratique nationale et internationale assez confuse s'est dégagé le concept d'une *zone économique* exclusive de 200 milles. L'exploitation des ressources de la zone relève des « droits souverains » de l'État côtier, lequel réglemente la pêche et fixe le volume des prises autorisées. Le contrôle exclusivement national n'est pas toujours suffisant pour la conservation des espèces, et bien des problèmes ont surgi : compensations à apporter aux États enclavés ou défavorisés, conciliation des droits de l'État côtier et de la liberté de navigation.

4. **Les organismes génétiquement modifiés** (OGM). – Les terres ensemencées en plantes transgéniques couvrent une superficie égale à la France, l'Autriche et la Suisse réunies. Les États-Unis et le Canada sont à l'origine de 70 % de cette production, très répandue aussi au Brésil et en Argentine et dans certains pays asiatiques. Le risque biotechnologique né d'expériences de génie génétique sur les organismes et sur leur dissémination est pris en compte par la directive européenne du 12 mars 2001, entrée en vigueur en octobre 2002. Deux commissions ont été mises en place : celle de *génie génétique* et celle d'*étude sur la dissémination des produits issus du génie génétique,* lesquelles devront évaluer les risques présentés par les OGM et les dangers liés à l'utilisation de ces techniques.

Les OGM sont classés en deux groupes : pathogènes et non pathogènes. Les entreprises exploitantes devront être agréées et fournir préalablement le plus d'informations possibles sur le nouveau produit. Toute expérimentation devra être préalablement autorisée, après examen des risques, ainsi que toute mise sur le marché. L'*autorisation* peut être assortie de prescriptions et ne vaut que pour l'usage qu'elle prévoit[1].

La loi dispose que « toute personne a le droit d'être informée sur les effets que la dissémination volontaire peut avoir pour la santé publique ou l'environnement », dans le

1. À propos de l'inscription au catalogue de trois nouvelles variétés de maïs transgénique par un arrêté du ministre de l'Agriculture, le Conseil d'État, invoquant le principe de précaution, renvoie à la CJCE le soin de donner son interprétation des directives CE, 25 septembre 1998, *« Ass. Greenpeace France »*. La CJCE estime que l'autorité nationale peut autoriser la mise sur le marché si la Commission a donné un avis favorable : CJCE, 21 mars 2000. Le Conseil d'État annule une parte de l'arrêté sans se prononcer sur le fond du problème : CE, 22 novembre 2000.

respect de la confidentialité liée au secret industriel. Le principe de *traçabilité* par des informations précises sur l'étiquetage des produits semble acquis.

Le 29 février 2000, à Montréal, 67 États ainsi que l'Union européenne ont signé un *protocole,* dit *de Cartagena,* sur la prévention des risques biotechnologiques, applicable aux mouvements transfrontières et à l'utilisation de tout organisme vivant modifié (OVM) susceptible de compromettre la santé humaine et la diversité biologique.

## II. – La protection des espaces naturels

La forêt, la montagne et le littoral ont en commun de couvrir de vastes parties du territoire et d'offrir de telles richesses et beautés naturelles qu'ils attirent maintes convoitises. Un juste équilibre entre une gestion rationnelle et une protection rigoureuse doit être trouvé dans l'objectif, désormais prioritaire, du développement durable. Les éléments naturels peuvent aussi être facteurs de risques contre lesquels la société demande protection.

1. **La protection de la forêt.** – La forêt produit 90 % de la biodiversité dans le monde. La déforestation (20 millions d'hectares chaque année) a conduit à une réaction internationale (Conférence d'Helsinki en 1993 sur la protection des forêts en Europe) et un projet de convention mondiale sur les forêts n'a pas abouti. La forêt recouvre environ 28 % du territoire français. À sa fonction écologique de protection s'ajoute une fonction économique et sociale. La *loi d'orientation sur la forêt du 9 juillet 2001* insiste sur le caractère multifonctionnel de la forêt et sur les objectifs de *développement* et de *gestion durable* de la politique forestière. La forêt française est soumise à des régimes juridiques différents selon la qualité des propriétaires et qui sont réunis dans un Code forestier.

A) *La planification et la gestion.* – Le Code forestier distingue deux catégories de bois et forêts :

– *Les forêts relevant du régime forestier :* il s'agit essentiellement des forêts domaniales de l'État, soit 1 493 000 ha, et des forêts des établissements publics et des collectivités locales, soit 2 500 000 ha, 95 % appartenant aux communes. L'ensemble des forêts publiques fait partie de leur *domaine privé* en dépit des critiques doctrinales soutenant que la forte connotation de service public des activités liées à la gestion de la forêt prêche en faveur de la domanialité publique. Léon Duguit faisait déjà cette démonstration. Mais la jurisprudence a refusé de franchir le pas et a confirmé la domanialité privée des forêts (CE, 28 novembre 1985, *ONF c/ « Abamonte »*). Échappant ainsi à la règle d'inaliénabilité, la vente des coupes de bois est facilitée, et cette volonté de laisser une certaine liberté à une gestion que l'on veut dynamique est l'une des explications de la domanialité privée des forêts. Un autre débat porte sur le caractère de service public de l'activité forestière. Ce caractère est admis pour les actes détachables de la gestion *stricto sensu* : lutte contre les incendies, reboisement...

La gestion des forêts et terrains à boiser a été confiée à l'*Office national des forêts* (ONF), établissement public industriel et commercial, créé en 1964. Il peut se voir attribuer, par conventions passées avec les collectivités locales et les propriétaires privés, toutes études et travaux en vue de la protection et du développement des ressources forestières.

La planification est renforcée. La loi du 9 juillet 2001 décide qu'un *contrat de plan pluriannuel* passé entre l'Office et l'État oriente les programmes et précise les moyens mis en œuvre. Ces programmes seront en cohérence avec le *schéma de services collectifs* des espaces naturels et ruraux.

Des directives régionales et des schémas régionaux d'aménagement s'imposent à l'État et aux collectivités locales. Une trentaine de *réserves biologiques intégrales* ont été créées sur de petites surfaces permettant d'étudier le fonctionnement des écosystèmes, de nouvelles sont prévues sur de plus grandes étendues.

– *Les forêts privées :* elles couvrent environ 10 800 000 hectares et sont dispersées entre plus de 2 millions de propriétaires. La responsabilité des propriétaires pour la sauvegarde de l'équilibre écologique et biologique du pays a été érigée en principe (art. L. 211-1 C. forestier). Divers mécanismes de planification, gestion rationnelle et regroupement ont été mis au point, la plupart facultatifs.

Dans le cadre des orientations régionales, les forêts se voient imposer par la loi de 2001 des *schémas régionaux de gestion sylvestre*. Les *plans simples de gestion* ne sont obligatoires que pour les forêts privées d'une superficie supérieure à 10 ou 25 ha selon les départements. Présentés par le propriétaire, ils font l'objet d'un agrément de l'administration pour une durée comprise entre dix et trente années. Cet agrément permet la libre exploitation et la réalisation des coupes dans le respect des dispositions du plan. La formule des *groupements forestiers,* sociétés civiles ayant pour but une gestion en commun des massifs forestiers, a reçu un accueil favorable des propriétaires, qui peuvent en outre passer des contrats avec l'ONF pour le charger de diverses tâches, moyennant paiement d'une redevance annuelle.

Qu'il s'agisse de forêts publiques ou privées, les propriétaires peuvent adhérer à des *codes de bonnes pratiques sylvicoles* établis dans chaque région[1]. La loi d'orientation de 2001 cherche à renforcer la planification et la mise en cohérence des politiques à l'égard des forêts publiques et privées, ainsi que les mesures incitatives et contractuelles dans l'esprit du principe prescripteur-payeur. L'octroi des aides publiques est désormais réservé à ceux qui offrent les garanties exigées de gestion durable.

B) *Les défrichements et la lutte contre les incendies de forêt.* – Dans les *forêts domaniales* de l'État, les défrichements

1. Un régime particulier s'applique aux forêts des DOM, soit 8 800 000 ha dont 8 300 000 en Guyane.

doivent être autorisés par le ministre de l'Agriculture, juge et partie[1]. D'importants défrichements ont pu ainsi être réalisés pour permettre le passage de lignes électriques, canalisations, autoroutes.

Les autres *collectivités publiques* ne peuvent faire aucun défrichement « sans autorisation expresse et spéciale de l'autorité supérieure » (art. L. 312-1 C. forestier).

– S'agissant des *forêts privées,* un régime rigoureux d'autorisation préalable a été mis en place par la loi du 21 décembre 1969. Tout défrichement direct ou indirect doit faire l'objet d'une demande à la préfecture accompagnée, selon les cas, d'une étude ou d'une notice d'impact. L'autorisation est délivrée par le préfet. Le défrichement illicite est un délit puni de peines correctionnelles.

Lutter contre les *incendies de forêt* qui détruisent chaque année en moyenne en France près de 35 000 ha, entraînant de surcroît le bouleversement des équilibres biologiques, est devenu une priorité politique. Les mesures prévues à cet effet sont diverses et les résultats insuffisants.

Les propriétaires peuvent se voir contraints de débroussailler leurs terrains jusqu'à une distance maximale de 50 m de leur habitation. Les feux et incinérations sont interdits durant certaines périodes de l'année, et, dans les régions les plus menacées, des mesures plus énergiques interviennent. Les bois et forêts peuvent faire l'objet d'un classement par arrêté préfectoral qui contraindra les propriétaires à former une *association syndicale* chargée de l'exécution en commun de travaux de lutte contre les incendies, système qui a été couronné de succès dans les Landes. La loi du 2 février 1995 a englobé, dans un document unique : les *plans de prévention des risques naturels* (PPR) et d'anciens instruments de planification spécifique.

2. **La protection de la montagne.** – La montagne, qui couvre un cinquième environ du territoire national

1. L'article 62 du Code du domaine de l'État exige une loi pour l'aliénation des forêts domaniales de l'État d'une superficie de plus de 150 ha.

(5 222 communes, 7,7 % de la population et 6 128 communes), joue un rôle écologique irremplaçable : réservoir hydrologique, agriculture et sylviculture spécifiques, réserves biogénétiques. Cet espace privilégié doit lutter contre des agressions nombreuses, soit naturelles (érosion des sols, glissements de terrain, avalanches), soit fomentées par les aménageurs en mal de projets industriels et touristiques. Dans le cadre des stratégies communes préconisées au niveau européen (cf. charte écologique des régions de montagne), la France a complété les réglementations déjà existantes par un texte plus général, la *loi du 9 janvier 1985* (art. L. 145-1 à L. 145-13, Code de l'urbanisme), qui pose trois principes fondamentaux : préservation des terres agricoles, préservation du patrimoine naturel et culturel montagnard, maîtrise de l'urbanisation.

A) *La diversité des mesures protectrices.* – Elles ont des finalités différentes, le lien entre elles étant resté longtemps trop ténu. La conservation des forêts et la lutte contre l'érosion sont à l'origine de plusieurs dispositions du Code forestier, qu'il s'agisse de travaux de restauration et de reboisement pouvant être rendus obligatoires après déclaration d'utilité publique, d'une décision de *mise en défens* pouvant entraîner l'interdiction d'utiliser les terrains de montagne aux fins de culture ou de pâturage, pour une durée de dix ans maximum, ou de *classement forêt de protection,* mesure la plus radicale.

Des dispositions relatives non seulement à la protection mais aussi à l'aménagement furent rendues nécessaires par l'assaut des promoteurs de stations de sports d'hiver – *« l'or blanc »* –, appelant, outre la construction de logements, celle de routes, pistes et remontées mécaniques encore plus agressives. Les textes se succédèrent, d'importance inégale, et la directive d'aménagement national, approuvée par le décret du 22 novembre 1977, annonçait la loi de 1985 dite *loi montagne*.

B) *La loi du 9 janvier 1985 relative au développement et à la protection de la montagne.* – Elle a vocation à traiter de l'ensemble des problèmes concernant la montagne. Elle met l'accent sur l'identité et la singularité des régions montagneuses, entités géographiques, économiques et sociales, requérant une politique spécifique d'aménagement.

Dans les *sept massifs* distingués par la loi, l'amélioration de la situation de la population montagnarde est recherchée à partir du développement des activités agricoles pastorales, forestières, artisanales, dont l'originalité doit être encouragée. Il convient d'éviter l'exode vers les vallées et les villes et de répondre au désir des habitants de rester sur place avec des emplois décents.

La volonté décentralisatrice inspire la mise en place d'institutions nouvelles. Le *Conseil national de la montagne,* présidé par le Premier ministre, n'intervient qu'à titre consultatif et dans un but de coordination entre les sept massifs. Le choix des actions à mener est fait au niveau local par les *comités de massif,* où les représentants des collectivités locales, des chambres consulaires et des organisations socioprofessionnelles jouent le rôle principal. Et c'est au niveau régional que seront discutées les priorités d'intervention et d'attribution des aides accordées par le Fonds interministériel de développement et d'aménagement rural (FIDAR) et par le nouveau Fonds d'intervention pour l'autodéveloppement en montagne (FIAM).

Les règles protectrices concernent l'*interdiction* des constructions dans une zone de 300 m autour des plans d'eau (voir l'affaire du lac de Fabrèges : annulation du projet de construction de 30 000 m² SHON sur les rives du lac, CE, 9 octobre 1989, *« SEPANSO »,* et validation législative par la loi du 9 février 1994, qui ajoute un alinéa à l'article L. 145-5 autorisant exceptionnellement les opérations d'aménagement n'excédant pas 30 000 m². Les routes nouvelles de corniche dans les zones situées au-dessus de la limite forestière sont aussi interdites. L'urbanisation ne peut se faire qu'en *« continuité avec les bourgs existants »* ou en *« hameaux nouveaux intégrés à l'environnement ».*

Les aménagements touristiques d'une certaine ampleur

prendront la forme d' *« unités touristiques nouvelles »* (UTN), régime dérogatoire permettant l'urbanisation en discontinuité ou dans un site vierge. L'autorisation est délivrée par le préfet à la demande de la commune, laquelle doit être dotée d'un PLU. Le juge exerce un contrôle normal sur le respect des sites et monuments naturels : voir CE, 15 mai 1992, *« Commune de Cruseilles »,* régularité de l'autorisation, et CE, 10 décembre 1994, *« Min. Équipement c/ APO »,* annulation de l'autorisation[1].

La loi montagne a été légèrement modifiée par la loi SRU du 13 décembre 2000 et par la loi urbanisme et habitat du 2 juillet 2003 qui autorise la réfection des *chalets d'alpage,* permis dit « saisonnier », car ces bâtiments, généralement dépourvus de voies d'accès, ne pourront être utilisés en période hivernale. La *loi du 23 février 2005 sur les territoires ruraux* donne aux PLU, SCOT et cartes communales la possibilité, avec l'accord du préfet, de délimiter des secteurs dans la bande des 300 m autour des lacs de plus de 1 000 ha où des dérogations à l'inconstructibilité pourront être envisagées. Elle simplifie le régime d'autorisation des UTN dont l'implantation et le régime se conformeront aux orientations des SCOT.

3. **La protection du littoral.** – Autrefois librement offert aux pêcheurs et aux amateurs de rivages demeurés sauvages, le littoral est devenu l'objet de maintes convoitises : bains de mer, navigation de plaisance, activités portuaires, aquaculture..., intérêts souvent conflictuels, menaces pour l'équilibre d'une zone de la plus haute importance écologique. Le littoral français, long de 5 500 km, est urbanisé sur près de la moitié de sa longueur, accueillant sur 3 % du territoire près de 10 % de la population. La densité y est en permanence égale à trois fois la moyenne nationale et l'été neuf fois.

1. Le projet comportait l'aménagement d'un golf signalé par une balle monumentale de 70 m de diamètre, piteusement insérée dans le site.

Les actions menées s'apparentèrent longtemps à des compromis de circonstance, accusant les disparités locales, le droit intervenant tardivement après que d'irréversibles dommages eurent été causés – mesures délicates à prendre, car le statut juridique du rivage et sa propriété posent des problèmes complexes. La protection de la domanialité publique ne concerne qu'une mince frange côtière, et, comme pour la montagne, une approche plus globale des données et des enjeux était souhaitée. Ce fut l'objet de la *loi du 3 janvier 1986,* dite *loi littoral.*

A) *La domanialité publique.* – Sont incorporés au domaine public maritime : le sol et le sous-sol de la mer territoriale (12 milles), ainsi que les lais et relais futurs, résultant du dépôt d'alluvions ou de terrains dont la mer s'est retirée. La limite de ce domaine est, côté terre, le point jusqu'où les plus hautes mers peuvent s'étendre habituellement (CE, 12 octobre 1975, « *Kreitman* »).

Propriétaire de cet espace protégé par les règles de la domanialité publique, l'État est investi de responsabilités particulières et de moyens pour protéger son affectation principale : le libre usage par le public : ainsi existe-t-il deux servitudes permettant la libre circulation des piétons en bord de mer : *la servitude longitudinale* grevant les propriétés privées riveraines du domaine public maritime d'une obligation de réserver à l'usage des piétons une bande de terrain de 3 m de largeur (art. L. 160-6 C. urb.), servitude qui ne grève pas les terrains situés à moins de 15 m des bâtiments d'habitation, et la *servitude transversale* qui permet le passage en vue de l'accès à la mer sur une propriété privée lorsqu'il n'existe pas de voie publique d'accès à moins de 500 m. La protection domaniale, parce qu'elle a pour but de protéger le bord de mer contre les occupations durables, renforce la protection environnementale du littoral ; il en est ainsi du régime des concessions de plage, soumises à autorisation précaire et révocable, compétence déléguée aux communes qui ne sauraient envisager des aménagements trop lourds : CE, 13 novembre 2002, *« Commune de Ramatuelle »*. Les « affaires » comme celle de la paillote *Chez Francis* sont fort heureusement rares[1].

B) *La planification et l'aménagement.* – Prévus par la loi du 7 janvier 1983, des *schémas de mise en valeur* de la mer fixent les « orientations fondamentales » de la protection et de l'aménagement des espaces côtiers. Leurs prévisions sont le résultat d'une analyse globale des problèmes côté terre et côté mer. Leur élaboration qui est facultative était de la compétence de l'État. Devant leur faible succès[2], la *loi du 23 février 2005 sur les territoires ruraux* opère une certaine décentralisation. Les SCOT pourront désormais comporter un « chapitre individualisé valant SMVM », comme c'est déjà le cas en Corse et dans les DOM.

Assumant depuis 1983 la responsabilité de l'élaboration de leur PLU, les communes littorales ont désormais les moyens – lorsque l'irréparable n'a pas été commis – de s'opposer à une urbanisation désordonnée. Mais les tentations sont fortes, et l'appétit des constructeurs et des élus trouve sa légitimité dans la nécessité d'encourager le développement touristique. Le droit peut faire l'objet d'ingénieux détournements, comme le rappelle le système des *concessions d'endigage*[3].

C) *La politique foncière.* – Outre la mise en œuvre des espaces naturels sensibles (cf. *infra*), une politique de mise en réserve des terrains a été confiée au *Conservatoire de*

1. Incendie d'un établissement de restauration, irrégulièrement établi sur une plage corse, par des gendarmes sous l'autorité d'un préfet.

2. Deux seulement avaient été approuvés, dont celui du bassin de Thau.

3. Prévues dès le début du XIXe siècle, elles concernaient la récupération de terrains envasés ou ensablés et celui qui participait à cette mission se voyait « récompensé » par la propriété des terrains à la fin de la concession. Détourné de son but, le système permit la réalisation des « marinas pieds dans l'eau » par des pratiques douteuses, dénoncées par la Cour des comptes, et qui ne prirent fin qu'avec la loi littoral.

*l'espace littoral et des rivages lacustres*[1] créé par la loi du 10 juillet 1975 (art. L. 322-1 et s.). Établissement public administratif, il a pour mission, dans les communes littorales, la sauvegarde des sites naturels et de leur équilibre biologique et dispose des moyens d'acquérir à l'amiable, par voie d'expropriation ou de préemption, des terrains et immeubles nécessaires à ces équilibres. Il peut aussi recevoir ces biens par legs ou donation. Leur gestion est confiée aux collectivités locales, établissements publics ou associations agréées qui passent, à cet effet, des conventions avec le Conservatoire, lequel s'engage à financer les investissements nécessaires. L'ouverture au public est la règle.

Le bilan est d'ores et déjà important : au 1er janvier 2003, le Conservatoire était propriétaire de 67 516 ha, soit 861 km de côtes. L'objectif a été fixé à 200 000 ha en 2050, soit 22 % du littoral. L'accroissement de son patrimoine dépend de la générosité budgétaire de l'État.

Les biens, dont le Conservatoire est propriétaire, sont soumis au régime protecteur de la domanialité publique, comme l'a précisé la loi démocratie de proximité du 27 février 2002, confirmant un avis du Conseil d'État de 1984. Les travaux (reprofilages paysagers, plantations, fixation des dunes...) ont le caractère de travaux publics.

La loi du 2 février 1995 a élargi le champ de compétence territoriale du Conservatoire et autorisé ce dernier à se porter partie civile pour des faits constituant une atteinte à la réglementation de l'environnement. Elle a créé une taxe perçue sur les entreprises de transport maritime, dont une partie pourra lui être affectée. La loi du 27 février 2002 renforce le partenariat avec les collectivités territoriales et la gestion intégrée à la fois côté terre et côté mer.

D) *La loi littoral du 3 janvier 1986*. – Elle est destinée à rassembler les principes généraux de la politique de protection du littoral, jusque-là épars dans de trop nombreux textes à la

1. Installé dans la belle Corderie royale de Rochefort.

force juridique incertaine. Ses dispositions figurent aux articles L. 146-1 et suivants du Code de l'urbanisme.

– Il n'y a pas de définition juridique précise du littoral. L'article 2 de la loi fait allusion aux *« communes littorales »*, c'est-à-dire celles qui sont riveraines des mers, océans, étangs salés, plans d'eau intérieurs d'une superficie supérieure à 1 000 ha et communes riveraines des estuaires[1].

– Trois zones sont particulièrement protégées : il s'agit d'abord de la *bande littorale de 100 m* à compter de la limite haute du rivage où les constructions sont en principe interdites, en dehors des espaces déjà urbanisés (art. L. 146-4-III C. urb.)[2].

– Il s'agit ensuite des *« sites et paysages remarquables »* (art. L. 146-6 C. urb.) dont la liste est donnée à l'article R. 146-6. Dans ces espaces caractéristiques du patrimoine littoral ne sont autorisés que des « aménagements légers », nécessaires à la mise en valeur des lieux. La jurisprudence se montre rigoureuse quant à l'application de ces dispositions redoutées des élus locaux (cf. CE, 13 novembre 2002, *« Commune de Ramatuelle »,* à propos d'un projet de réaménagement trop important près de Saint-Tropez).

– Il s'agit, enfin, des *espaces proches du rivage* (art. L. 146-4-II C. urb.) où l'extension de l'urbanisation ne peut être que limitée et justifiée dans le PLU.

La jurisprudence donne des interprétations, nécessairement liées aux circonstances de fait, des notions subtiles de la loi littoral telles que : *« espaces proches du rivage »* (CE, 12 février 1993, *« Commune de Gassin »*[3]) ; *« extension li-*

1. Dans un arrêt du 28 juillet 2000, *« Ass. France Nature Environnement »,* la CE a enjoint au gouvernement d'édicter les décrets de délimitation de ces communes dans un délai de six mois, sous astreinte. Le décret n'est intervenu que le 29 mars 2004.

2. L'inconstructibilité ne s'applique pas aux constructions nécessaires à des activités économiques exigeant la proximité immédiate de l'eau : ainsi d'une entreprise d'aquaculture ou de réparations navales, mais pas d'un centre de thalassothérapie.

3. La Haute Juridiction décide, d'une part, qu'il y a « espace proche du rivage » bien que le terrain situé à une distance de 500 m à

*mitée »* (CE, 29 mars 1993, *« Commune d'Argelès-sur-Mer »*, *« espaces remarquables »* ; *« activité exigeant la proximité immédiate de l'eau »,* qualité refusée à une station d'épuration (CE, 19 mai 1993, *« Ass. Les Verts du Var »*), ce qui entraîna, comme pour l'affaire de Fabrèges, l'intervention du législateur, validant la station d'épuration en bordure de mer de la ville de Toulon (nouvel alinéa de l'article L. 146-4, introduit par la loi du 9 février 1994).

Il convient de rendre hommage à ces deux lois, adoptées à une quasi-unanimité, car elles ont permis – avec le concours du juge – de mettre un terme à l'urbanisation anarchique du littoral et de la montagne, sans en faire des sanctuaires écologiques et en préservant la spécificité de leur développement. Et il est à souhaiter que les libertés accordées par la *loi du 22 janvier 2002* à l'Assemblée de Corse de préciser les modalités d'application de la loi littoral ne s'exercent que dans le souci de protection environnementale qui s'est manifesté jusqu'ici.

## III. – La protection des espaces naturels, rares et fragiles

La conservation de milieux naturels particulièrement riches et fragiles a été plus ou moins tôt ressentie comme une priorité par le législateur. Si l'excellente loi du 2 mai 1930 a permis la protection de la plupart des sites remarquables, si, à la suite d'initiatives diverses, des *réserves naturelles* ont pu être créées à temps, la constitution des *parcs nationaux* avait près d'un siècle de retard sur les expériences américaines. Désormais de nombreux systèmes, certains impulsés par les directives européennes, ont été mis au point ; on hésite à en critiquer l'enchevêtrement, cause de complexité, car abondance de mesures ne saurait nuire à la protection de l'environnement.

1 000 m du rivage en soit séparé par une ligne de crête et que, d'autre part, un projet de près de 45 000 m$^2$ de SHON n'est pas une « urbanisation limitée ».

1. **Les sites et paysages.** – Faisant suite à la loi de 1913 sur la protection des monuments historiques, la *loi du 2 mai 1930,* doyenne des lois sur la protection de la nature, applique aux sites et monuments naturels des procédures de protection proches (voir art. L. 341-1 et s.).

Ces dispositions s'appliquent aux sites dont la conservation présente un intérêt général au point de vue *« artistique, historique, scientifique, légendaire ou pittoresque »,* caractères qui permirent une interprétation souple et un élargissement du champ d'application. Il est ainsi admis que la proximité de centres urbains et touristiques et le caractère traditionnel mais non exceptionnel d'un ensemble paysager peuvent justifier la protection. Par ailleurs, si le monument naturel s'entend d'un élément ou d'un groupe d'éléments de faible superficie, le site, quant à lui, peut couvrir des territoires très étendus, tel le massif de la Clape (8 000 ha) : CE, 2 mai 1975, *« Mme Ébri ».* 2 900 sites environ sont classés et 5 600 inscrits.

– *Deux mesures principales de protection* sont susceptibles d'intervenir : l'inscription prononcée par arrêté du ministre chargé de l'Environnement, après avis des conseils municipaux concernés et de la Commission départementale des sites, et après notification au propriétaire, dont le consentement n'est pas nécessaire. L'inscription à l'inventaire des sites produit des effets limités à une obligation d'informer l'administration, quatre mois à l'avance, de tous travaux autres que ceux d'entretien normal. L'administration peut suggérer des modifications, mais ne pourrait s'opposer aux travaux qu'en procédant au classement du site. Le classement peut être précédé d'une notification au propriétaire de l'intention de classer, mesure de sauvegarde l'obligeant à n'apporter aucune modification à l'état des lieux durant une année.

Le *classement* est prononcé soit par arrêté ministériel si les propriétaires sont consentants, soit par décret en Conseil d'État dans le cas contraire. Les effets du classement sont rigoureux : aucune modification ni destruction ne peut intervenir sans autorisation expresse du ministre chargé des sites. Le classement peut donner lieu à indemnisation au profit du propriétaire, mais seulement s'il est prononcé d'office et s'il entraîne une modification à l'état ou à l'utilisation des lieux causant un préjudice direct, matériel et certain.

La loi du 2 mai 1930 avait prévu la possibilité d'établir, autour des sites inscrits ou classés, une « zone de protection », procédure lourde qui fut peu utilisée. Ces zones ont été supprimées par la loi du 7 janvier 1983 et sont destinées à être remplacées par les *zones de protection du patrimoine architectural, urbain et paysager* (ZPPAUP), cf. *infra.*

Les sites classés ou inscrits restent marqués d'un certain *« élitisme »,* même si leur nombre s'est peu à peu accru. Différente est la philosophie de la *loi paysage* du 8 janvier 1993 qui s'adresse à des *« territoires remarquables par leur intérêt paysager »,* correspondant à une certaine unité, cohérence et richesse patrimoniale[1]. La loi a prévu que des *« directives paysagères »* fixeraient les grandes orientations et les principes fondamentaux applicables à un territoire. Mais aucune directive n'a encore vu le jour. Par contre, le *« volet paysages »* accompagnant la demande de permis de construire est entré en application assez rapidement. Un *Conseil national du paysage* a été institué, chargé d'établir chaque année un rapport et de proposer des mesures d'amélioration.

Le 20 octobre 2000 a été signée à Florence, sous les auspices du Conseil de l'Europe, une *Convention européenne du paysage.* Patrimoine européen et facteur d'identité, le paysage ne concerne pas seulement les espaces remarquables, mais aussi les paysages du cadre de vie quotidien qu'il convient de protéger, gérer et aménager de manière démocratique et non élitiste[2].

1. La notion de « paysage » est difficile à appréhender par le droit. Il ne vaut *« que par celui qui le regarde »* (Baudelaire) et ne se fait pas *« avec de la géométrie »* (Victor Hugo).

2. Les États ont l'obligation de mettre en œuvre une politique du paysage (autour d'*objectifs de qualité paysagère*) et de l'intégrer dans les autres politiques. Une coopération européenne est prévue notamment pour les paysages transfrontaliers.

2. **Les espaces naturels sensibles.** – Première illustration d'une politique décentralisée au profit du département, les périmètres sensibles, système créé en 1959, ont été relayés à la suite de la loi du 18 juillet 1985 par des *espaces naturels sensibles,* dont l'initiative appartient librement au département sur l'ensemble de son territoire. L'utilisation du produit de la *taxe départementale des espaces naturels sensibles* peut profiter à un plus grand nombre d'utilisateurs et de projets. Cette taxe est applicable sur tout le territoire du département qui a décidé de l'instituer et est perçue à l'occasion de la délivrance des autorisations de construire. Son taux peut varier, sans excéder 2 % de la valeur de l'ensemble immobilier. Elle est affectée à des acquisitions foncières destinées à l'aménagement des terrains en espaces naturels, ouverts au public ; la liste des domaines auxquels la taxe peut être affectée n'a cessé de s'élargir : acquisition et gestion de terrains pour le Conservatoire de l'espace littoral, pour des sports de nature, pour les sites Natura 2000, pour des réserves naturelles.

Le département est le principal bénéficiaire du *droit de préemption,* divers organismes : le Conservatoire, les parcs nationaux ou régionaux..., pouvant se substituer à lui. Les terrains préemptés doivent être aménagés pour être ouverts au public, sauf si la fragilité du milieu naturel s'y oppose.

La création des zones de préemption a été décentralisée au profit du Conseil général. Ces dispositions figurent aux articles L. 142-1 à L. 142-13 nouveaux du Code de l'urbanisme.

3. **Les parcs naturels.** – Deux systèmes différents quant à leur finalité coexistent : les parcs nationaux et les parcs régionaux.

A) *Les parcs nationaux.*

*a) Création.* – Lorsque la France se décida en 1960, bien tardivement par rapport à certains pays étrangers (cf. création en 1872 du parc Yellowstone aux États-Unis et des parcs Kruger en Afrique du Sud en 1892), à la réalisation de *parcs nationaux,* l'objectif poursuivi était la conservation d'espaces naturels fragiles qu'il convenait de préserver de toute dégradation.

L'article 1er de la *loi du 22 juillet 1960* relative à leur création justifie leur existence lorsque la conservation du milieu naturel présente « un intérêt spécial, et qu'il importe de préserver ce milieu contre tout effet de dégradation naturelle et de le soustraire à toute intervention artificielle susceptible d'en altérer l'aspect, la composition et l'évolution » (art. L. 331-1 et s.).

La *procédure de création,* lourde et encore fortement centralisée, comprend les étapes suivantes : études préliminaires réalisées par les services techniques de l'État, soumission pour avis du projet aux conseils généraux et municipaux ainsi qu'aux organismes consulaires, enquête publique, classement par décret en Conseil d'État.

Le déclassement n'a pas été expressément prévu qui ne pourrait se justifier que si les motifs écologiques de protection venaient à disparaître, hypothèse difficilement envisageable. Par contre, des modifications du périmètre peuvent intervenir.

La France s'est dotée de *7 parcs nationaux,* espaces naturels sans résidents permanents (sauf le parc des Cévennes, 500 habitants environ, et Port-Cros, 30 habitants). Il s'agit du parc de la Vanoise (d. 6 juillet 1963), de celui de l'île de Port-Cros (d. 16 décembre 1963), de celui des Pyrénées occidentales (d. 23 mars 1967), de celui des Cévennes (d. 2 septembre 1970 et 7 août 1984), de celui des Écrins (d. 27 mars 1973), de celui du Mercantour (d. 18 août 1979) et de celui de la Guadeloupe (d. 20 février 1989). Deux parcs marins nationaux ont été réalisés en Corse et en mer d'Iroise. Des projets sont à l'étude concernant le parc du mont Blanc, la forêt guyanaise, les Hauts de la Réunion.

*b) Organisation administrative.* – L'aménagement et la gestion sont confiés à des établissements publics nationaux à caractère administratif. L'organe délibératif est un conseil d'administration comprenant des représentants des administrations, des collectivités locales, et des personnalités qualifiées. Les maires des communes dont le territoire est compris dans le parc en sont membres de droit. Une commission permanente assure la gestion entre les réunions.

L'organe exécutif est le directeur, nommé par le ministre, après avis du conseil. Il assure l'administration du parc, dispose d'importants pouvoirs de réglementation et de police, et mène les relations avec les élus locaux. La tutelle est exercée par le ministre de l'Environnement. Il est envisagé de renforcer la place des représentants des collectivités territoriales.

*c) Servitudes et sanctions.* – Elles s'appliquent à la *« zone parc »* proprement dite et non à la *zone périphérique,* sorte d'espace intermédiaire où sont prévus l'accueil et l'hébergement des visiteurs, « zone tampon » entre la zone de conservation intégrale et la zone de développement.

Sont en principe *interdits* : les activités industrielles et commerciales, à l'exception de certaines activités artisanales mais limitées ; les travaux publics et privés, sauf dérogation[1] ; la chasse, sauf dans les Cévennes. Le prélèvement des végétaux est interdit sauf autorisation spéciale. Les activités agro-pastorales, forestières et la pêche sont autorisées. La circulation des véhicules et des piétons est, en principe, sévèrement contrôlée. Une indemnisation des servitudes est prévue, ainsi qu'une réparation des dommages causés par les animaux, tel l'ours dans le parc national des Pyrénées.

La violation des interdictions et des règles est punie de sanctions, sans doute insuffisamment dissuasives. Une loi adoptée début 2006 prévoit une plus grande implication des élus dans la gestion du parc et un assouplissement du régime de la zone périphérique qui deviendrait « zone d'adhésion ».

1. L'autorisation par le directeur du parc des Pyrénées de travaux susceptibles, par leur ampleur, d'altérer le caractère du parc est annulée : CE, 4 avril 1990, *« SIVOM du canton d'Accous ».*

B) *Les parcs naturels régionaux.* – Créés par un décret du 1er mars 1967 et consacrés par la loi paysage du 8 janvier 1993, leur but est de promouvoir, par une gestion concertée et écologique de l'espace rural, des activités d'ordre culturel, scientifique et touristique : écomusées, centres de rencontre, classes vertes, parcours pédestres, équestres, études de la faune et de la flore. Contrairement aux parcs nationaux, aucune servitude ne résulte de leur création.

*a) Création.* – Elle repose sur une charte négociée et approuvée par la région avec l'accord des collectivités territoriales concernées. Le classement, dont la fonction est d'approuver la charte, est prononcé par décret.

*b) Organisation administrative.* – La région joue un rôle essentiel pour définir les objectifs du parc – qui sont précisés dans la charte constitutive – et pour déterminer l'organisme de gestion, lequel pouvait avoir à l'origine un statut de droit privé : association (parc de Lorraine), fondation (parc de Camargue), ou de droit public. La plupart des parcs ont choisi la formule du *syndicat mixte* qui est, depuis 1995, la seule formule envisageable. Un directeur, nommé par le président de l'organisme de gestion, assure l'exécution des décisions. Il ne possède pas de pouvoirs de police propres.

La charte sert de programme aux collectivités locales. Elle comprend un rapport, un plan graphique et des annexes. Les orientations de la charte s'imposent aux documents d'urbanisme dans un *rapport de compatibilité,* sans s'appliquer directement aux autorisations d'utilisation du sol.

La mise en œuvre des objectifs de la charte s'organise selon une convention signée entre le syndicat mixte et l'État, et avec le concours, le plus souvent, d'une « Association des amis du parc ». Tous les dix ans, un bilan est dressé et la charte peut être modifiée et renouvelée. Un déclassement par décret est prévu qui n'a pas eu l'occasion d'être appliqué (voir les art. L. 333-1 et s.).

Les parcs régionaux sont au nombre de 40, couvrant

12 % du territoire et accueillant plus de 2 800 000 habitants sur 3 380 communes. Après quelques difficultés, ils sont de mieux en mieux perçus par les collectivités locales dont ils servent les préoccupations de développement économique et écologique.

4. **Les réserves naturelles.** – Elles correspondent à des zones de superficie limitée créées en vue de la préservation d'espèces animales ou végétales en voie de disparition ou présentant des qualités remarquables et qu'il convient de protéger contre toute menace de dégradation. Leur faible étendue rend leur création plus aisée que celle des parcs. Les premières réserves (Camargue, Sept-Îles, Méouvielle) furent le fait d'associations privées de protection de la nature.

La loi du 2 mai 1930 avait prévu le classement de sites présentant un « intérêt scientifique », système complété par certaines dispositions de la loi du 1er juillet 1957 qui introduisit la notion de « réserve naturelle », en vue de la « conservation et de l'évolution des espèces ». La *loi du 10 juillet 1976* complète le système, lequel vient d'être profondément modifié par la *loi démocratie de proximité du 27 février 2002,* qui affiche une volonté de décentralisation. Leur régime est traité aux articles L. 332-1 à L. 332-27.

– Le *classement* en réserve naturelle intervient sur des parties du territoire d'une ou plusieurs communes « lorsque la conservation de la faune, de la flore, du sol, des eaux, des gisements de minéraux et de fossiles et, en général, du milieu naturel, présente une importance particulière ou qu'il convient de les soustraire à toute intervention artificielle susceptible de les dégrader ».

La loi du 27 février 2002 distingue trois types de réserves : les *réserves naturelles nationales,* dont le classement est prononcé par décret et avec, pour raison d'être, d'assurer la conservation d'éléments du milieu naturel d'intérêt national ou la mise en œuvre d'une réglementation communautaire ou internationale ; les *réserves naturelles régionales* dont le classement est de la compétence du conseil régional ; et les *réserves naturelles nées d'une délibération de l'Assemblée de Corse* (l'État ne peut plus créer des réserves en Corse de sa propre initiative).

Les anciennes réserves naturelles volontaires, créées à l'initiative des propriétaires, disparaissent. Les propriétaires peuvent demander la création d'une réserve sur leur propriété, mais la décision relève du conseil régional et la réserve créée sera une réserve régionale.

Toute action susceptible de nuire au développement naturel de la faune et de la flore et d'altérer le caractère de la réserve peut être interdite ou soumise à régime particulier.

– La *gestion des réserves* peut être confiée, par voie de *convention,* à des établissements publics, des groupements d'intérêt public, des associations, des fondations, aux collectivités locales ou aux propriétaires des terrains classés. Des *périmètres de protection* peuvent être institués autour des réserves.

Il existe environ 140 réserves pour une superficie de près de 300 000 ha, les deux réserves de Guyane couvrant à elles seules 176 000 ha. En Camargue coexistent un parc régional (85 000 ha) et une réserve (13 000 ha).

Poursuivant la même finalité protectrice, des *réserves biologiques domaniales* peuvent être instituées par l'ONF dans les forêts domaniales (cf. forêt primitive de la Réunion). La formule des *réserves marines,* établies sur le domaine public maritime et bien adaptées à la complexité écologique du milieu, devrait se développer : ainsi les réserves naturelles marines de Cerbères-Banyuls, des Sept-Îles de la baie de Somme et celles des îles Lavezzi et de Scandola en Corse.

5. **La protection des écosystèmes.** – Au dire de certains, le XX$^{e}$ siècle serait parvenu à détruire autant d'espèces animales et végétales que les deux précédents millénaires. L'urgence de la protection des espèces menacées est à l'origine de divers systèmes juridiques de plus en plus contraignants.

A) *Les zones humides.* – Ce milieu est caractérisé par la présence d'eau dans le sol, à une faible profondeur (6 m au maximum), correspondant à des marais, lagunes, vasières, estuaires, tourbières[1]. Plus de 500 zones d'importance internationale ont été recensées, parfois classées au patrimoine mondial, comme le lac Ischeul en Tunisie ou le delta du Danube. Dans tous les pays développés, leur superficie a considérablement diminué, car il était recommandé d'assécher ces zones, estimées malfaisantes au regard de la salubrité publique, et de les récupérer pour divers usages. Les remblaiements, endiguements, drainages, la construction de barrages hydro-électriques ont eu des conséquences écologiques désastreuses. Ces terres en communion avec l'eau où l'énergie solaire multiplie ses effets sont le siège d'une vie intense de micro-organismes végétaux et animaux et le refuge pour la reproduction de poissons et oiseaux aquatiques rares, souvent en voie de disparition. La Camargue, *première zone humide française* digne de figurer à l'inventaire international, échappa de justesse, en 1930, à un vaste projet d'assainissement destiné à la transformer en vignoble. Des destructions importantes ont lieu : tourbière dans les Vosges inondée au profit d'un barrage hydro-électrique, perte de 30 000 ha du Marais poitevin en vingt ans. Un rapport interministériel de 1994 constate la dégradation de 85 % des 73 zones humides d'importance nationale.

La réforme des dispositions, souvent archaïques, du Code rural s'impose, et des précisions devront être apportées à la définition des travaux dégradants (cf. C. cass., 25 mars 1998, *« SEPRONAS »,* montrant la difficulté de définir, par exemple, la notion de « remblai »).

La France a été condamnée pour insuffisance de protection au regard de la *directive « Oiseaux »* dans une zone humide de l'estuaire de la Seine : CJCE, 18 mars 1999.

Les grands principes de la protection des zones humides

1. Elles sont définies comme des « terrains exploités ou non, habituellement inondés ou gorgés d'eau douce, salée ou saumâtre de façon permanente ou temporaire » (art. L. 211-1).

ont été affirmés sur le plan international (cf. *Convention de Ramsar* (Iran), signée le 2 février 1971 et regroupant 78 États qui s'engagent à préserver leurs zones humides et à tenir informée l'Union internationale pour la conservation de la nature (UICN)). Celle-ci tient une liste où sont identifiées les zones. 1 020 sites environ y sont inscrits, couvrant 45 millions d'hectares.

Le droit français n'accueille pas de dispositions spécifiques aux zones humides et leur protection repose sur l'application de diverses procédures : classement site scientifique au titre de la loi de 1930, réserve naturelle, arrêté de biotope, zone « Natura 2000 ».

B) *Les arrêtés préfectoraux de biotopes.* – L'article R. 211-12 du Code rural, issu d'un décret du 25 novembre 1977, donne au préfet des pouvoirs importants quant à la « conservation des biotopes tels que mares, marécages, marais, haies, bosquets, landes, dunes, pelouses ou toutes autres formes naturelles, peu exploitées par l'homme dans la mesure où... ils sont nécessaires à l'alimentation, à la reproduction, au repos ou à la survie des espèces » menacées, telles que figurant sur une liste établie par arrêté ministériel. Le préfet peut prendre un *arrêté* dit *de protection des biotopes,* après avis de la commission départementale des sites et de la chambre d'agriculture, lequel peut contenir diverses interdictions telles que l'écobuage, le brûlage des chaumes et des végétaux sur pied, la destruction des talus et des haies, l'épandage de produits parasitaires (art. R. 211-14). Cet arrêté ne concerne que des espaces très limités.

Les infractions à ces mesures sont punies des peines prévues à l'article R. 38 du Code pénal. La codification en cours de réalisation devrait harmoniser les dispositions du Code rural dont certaines ont des effets contradictoires. Ainsi, la possibilité donnée au préfet d'autoriser la suppression des étangs dits « insalubres », celle donnée aux maires, au nom de la police rurale, de supprimer ou d'assainir les mares communales, les travaux d'assèchement des marais confiés aux associations syndicales de propriétaires, outre que les servitudes d'écoulement des eaux nuisibles, vont à l'encontre des objectifs assignés aux arrêtés de biotope.

C) *Les ZNIEFF*. – Un instrument efficace de connaissance du patrimoine naturel a été mis au point en 1990, complétant l'effort entrepris pour établir un inventaire des espaces sensibles, riches en espèces animales et végétales menacées : les zones de protection du patrimoine naturel d'intérêt écologique, floristique et faunistique (ZNIEFF). La *loi du 27 février 2002* les a remplacées par des *« inventaires du patrimoine naturel »* (art. L. 411-5) à vocation plus large, puisque seront répertoriés, outre les espèces faunistiques ou floristiques, les « richesses écologiques, minéralogiques et paléontologiques ». Ces inventaires aident les élus et les administrations à mieux intégrer l'intérêt de la protection de leur patrimoine naturel dans leurs décisions d'aménagement de l'espace. De surcroît, la *loi paysage du 8 janvier 1993* incite à l'élaboration d'inventaires faunistiques et floristiques locaux et régionaux complétant les ZNIEFF sous la responsabilité scientifique du Muséum d'histoire naturelle. Lors de l'élaboration des PLU, ces inventaires font partie des documents que le préfet, par un « porter à la connaissance », doit communiquer aux collectivités locales. Les ZNIEFF n'ont pas valeur juridique en elles-mêmes mais la jurisprudence leur reconnaît valeur d'expertise et annule pour erreur manifeste d'appréciation des projets de construction ou d'aménagement qui leur porteraient atteinte : ainsi l'annulation d'une autorisation préfectorale de carrière dans le « marais d'Unzeville », site remarquable et faisant partie d'une ZNIEFF.

D) *Le réseau Natura 2000*. – La directive européenne *« Habitats »* sur la conservation des habitats naturels en Europe, du 21 mai 1992, incite à la mise en œuvre d'un « ensemble de mesures pour maintenir ou rétablir les habitats naturels et les populations d'espèces de faune et de flore sauvage dans un état favorable ».

Chaque État membre doit participer à la constitution d'un réseau écologique européen de zones spéciales de conservation, dénommé *« Natura 2000 »*. Dans un délai de six ans, il doit faire à la Commission proposition de sa liste des sites indiquant les types d'habitat naturel qu'ils abritent, afin que soit établie une liste européenne de « sites d'importance communautaire ». Le rôle du Muséum national d'histoire naturelle en ce qui concerne l'expertise scientifique et celui du préfet quant à la coordination administrative sont déterminants.

La *loi du 3 janvier 2001* encadre la transposition, en droit interne, de certaines dispositions des directives *« Habitats »* et *« Oiseaux »* (v. art. L. 414-1 et s.). Mais la pratique française se caractérise par sa lenteur, la procédure ayant même été reportée en 1996 sous la pression d'élus locaux inquiets de ce qu'ils ressentent comme la « sanctuarisation » d'espaces trop vastes. Dans un arrêt du 27 septembre 1999, *« Ass. coordination Natura 2000 »,* le Conseil d'État a annulé une circulaire du ministre de l'Environnement aux préfets qui leur accordait une certaine liberté procédurale et portait atteinte aux règles de concertation, et, dans un arrêt du 22 juin 2001, *« Ass. coordination Natura 2000 »,* il annule l'arrêté de transmission du ministre pour irrégularités dans les consultations locales. La CJCE, a condamné à plusieurs reprises la France pour insuffisance des superficies et des régimes de protection : v. CJCE 18 mars 1999, 7 décembre 2000 et 11 septembre 2001. Par rapport à ses voisins européens, la France est loin d'avoir comblé son retard dans la confection des listes, les polémiques portant sur le choix des sites, leur périmètres, leur mode de gestion (le recours aux contrats dans le cadre de documents d'objectifs est encouragé). 1 219 sites « Natura 2000 » étaient définis début 2005 et une centaine en cours d'inscription.

6. **La prévention des risques naturels.** – La répétition de catastrophes naturelles et l'émotion suscitée par les inondations meurtrières (affaire de Vaison-la-Romaine) ont incité

les pouvoirs publics à renforcer les dispositifs existants : mesures de police, règles d'urbanisme, anciens plans de prévention, prévus dès 1982, dont l'efficacité était insuffisante.

Peuvent être annexés aux PLU des *plans de prévention des risques naturels* (PPRN) que la loi du 2 février 1995 a renforcés. Ce sont de véritables documents d'urbanisme. Approuvés par arrêté préfectoral, ils délimitent des zones exposées aux inondations, avalanches, séismes, incendies de forêt, tempêtes... dans lesquelles les constructions seront interdites ou limitées. Le maire doit informer la population, au moins tous les deux ans, sur les risques et sur les mesures de prévention d'alerte et de secours (art. L125-2). Un *fonds de prévention des risques naturels majeurs* peut servir à l'acquisition de certains biens exposés à ces risques. 11 604 communes seraient exposées aux risques d'inondation, près de 6 000 aux risques de glissement de terrain. Dans chaque bassin ou sous-bassin, des schémas directeurs de prévision des crues seront élaborés.

La *loi du 30 juillet 2003* institue deux nouvelles servitudes d'utilité publique liées aux risques d'inondation : les *zones de rétention* et les *zones de mobilité*. Elle renforce le droit à l'information des citoyens et le devoir des autorités publiques de s'informer (art. L. 125-2).

8 000 communes sont concernées par les PPRN et 4 millions et demi d'habitants. 5 000 PPRN environ ont été approuvés.

Chapitre III

# LA PROTECTION DE L'ENVIRONNEMENT CULTUREL, RURAL ET URBAIN

« Trop de grands arbres abattus
pour tant de paroles inutiles. »

Margueritte Yourcenar.

Le concept de qualité de la vie, difficilement traduisible en règle de droit positif, est à l'origine d'un vaste mouvement ayant conduit les pouvoirs publics à prendre de plus en plus en considération des finalités qualitatives dans l'aménagement de l'espace tant rural qu'urbain. Les zonages, les servitudes, les interdictions imposées aux particuliers et, avec certains tempéraments, aux personnes publiques seront acceptés au nom de cette quête supérieure d'un mieux-vivre collectif. Les contraintes les plus anciennes ont eu pour objet la protection des monuments historiques et de leurs abords au nom de la sauvegarde d'un riche patrimoine culturel qui, sans ces garde-fous, aurait subi bien des mutilations.

## I. – Le patrimoine culturel

La notion de patrimoine, bien connue des civilistes, a fait son apparition dans les textes sur l'urbanisme et l'environnement. Ne faisant l'objet d'aucune définition précise, elle doit être appréhendée comme liée à l'idée d'un *héritage transmis par le passé* et qui, géré en bon père de famille, est destiné à être légué aux générations suivantes qui en seront elles aussi dépositaires.

Au niveau international, la vision d'un « patrimoine commun de l'humanité » (qualité donnée aux fonds marins) pourrait, selon certains, s'appliquer aux sites et monuments les plus remarquables. Sans aller jusque-là, plusieurs conventions internationales ont insisté sur la nécessité d'une collaboration pour la sauvegarde du patrimoine culturel majeur[1]. Le patrimoine culturel est protégé, en France, par la législation sur les monuments historiques, laquelle préserve aussi les abords. La protection planifiée d'*ensembles urbains,* est une préoccupation plus récente.

1. **Les monuments historiques.** – Les premières prises de conscience par les pouvoirs publics de l'indispensable sauvegarde de chefs-d'œuvre en péril remontent à la Révolution française : commission des Monuments mise en place en 1790 ; création par l'abbé Grégoire du terme « vandalisme » pour « tuer la chose »... Le mouvement romantique précipita cet élan : « Si l'usage d'un édifice appartient à son propriétaire, proclamait Victor Hugo, sa beauté appartient à tout le monde » et c'est « dépasser son droit que de le détruire ».

Sous l'impulsion de Guizot, la monarchie de Juillet prit les premières mesures énergiques : nomination d'un *inspecteur général des Monuments historiques* (Prosper Mérimée occupera cette fonction à partir de 1834), chargé de dresser un inventaire des monuments de *« mérite incontestable »* et de les classer par ordre d'importance, afin de faire inscrire

1. Voir notamment la Convention de La Haye du 14 mai 1954 sur la protection des biens culturels en cas de conflit armé ; la Convention de Paris sur l'interdiction des transferts illicites des biens culturels, la Convention de l'Unesco du 16 novembre 1972 sur le patrimoine mondial ; la Convention de Grenade du 3 octobre 1985 sur la protection du patrimoine architectural en Europe, la Convention de Malte du 16 janvier 1992 sur la protection du patrimoine archéologique.

au budget les sommes nécessaires à leur remise en état. Viollet-le-Duc entreprendra cette tâche avec le souci de restaurations à l'identique « dans un état complet », conception qui prêta à discussion.

Le premier texte législatif est la loi du 30 mars 1887, qui donne aux pouvoirs publics la faculté de prendre une mesure de classement sous réserve du consentement du propriétaire. La *loi du 31 décembre 1913* permet de passer outre ce consentement et introduit des règles plus contraignantes. Son efficacité fut grande et son succès attesté par le fait qu'elle demeure, complétée mais jamais reniée, le fondement même du droit contemporain.

A) *Les mesures de conservation et sauvegarde.* – Outre la protection des monuments dont il est propriétaire (6 % environ), l'État peut, pour la sauvegarde des monuments appartenant aux communes (62 %) ou aux particuliers (25 %), prendre des mesures qui sont de trois sortes :

– Le *classement,* prononcé par arrêté du ministre chargé de la Culture lorsque le propriétaire donne son accord, par décret en Conseil d'État s'il s'y oppose, et après avis préalable de la Commission supérieure des Monuments historiques dans les deux cas. L'initiative peut venir du propriétaire lui-même et le *classement d'office,* après mise en demeure, est possible.

– L'*inscription sur l'inventaire supplémentaire* décidée par le préfet de région, après avis de la Commission régionale du patrimoine et des sites.

– L'*instance de classement,* mesure de sauvegarde, préalable à un éventuel classement ultérieur. Ces mesures s'appliquent à des immeubles dont la conservation présente au point de vue de l'histoire ou de l'art un intérêt public justifiant la protection.

Le nombre des édifices protégés est d'environ 33 500, soit un tiers classés et deux tiers inscrits. Plus de 107 000 objets mobiliers sont classés et 54 000 inscrits.

B) *Contraintes pesant sur les propriétaires.* – Les plus sévères résultent du classement : aucune restauration, réparation, destruction ne peut être entreprise sur un monument classé sans l'*autorisation préalable du ministre de la Culture.* L'instance de classement a les mêmes effets, mais provisoires, qui cessent au bout d'un an, sauf si le classement est décidé. Quant à l'inscription, son régime a été réformé par l'*ordonnance du 8 septembre 2005* qui oblige le propriétaire non à une simple déclaration préalable comme auparavant, mais à l'obtention d'un accord de l'administration, procédure proche de celle des immeubles classés. Des sanctions civiles, pouvant aller jusqu'à la condamnation à la remise en état des lieux aux frais du propriétaire, et des sanctions pénales sont prévues.

Prolongation naturelle de la protection, la conservation des monuments requiert leur *entretien* et leur *restauration.* Si le propriétaire privé ou public ne reçoit aucune participation financière de l'État, celui-ci se contente d'autoriser le projet et d'en contrôler l'exécution. Si le propriétaire privé ou public sollicite une aide financière, la participation des *architectes de l'État* comme maîtres d'œuvre est exigée. Mettant fin à des incertitudes regrettables, l'ordonnance du 8 septembre 2005 précise que la maîtrise d'ouvrage est exercée par le propriétaire.

Deux corps spécialisés d'architectes de l'État ont l'exclusivité du contrôle des travaux. Les *architectes en chef des Monuments historiques,* dont le nombre ne dépasse pas la soixantaine, ont le monopole des travaux de construction et de restauration sur l'ensemble des monuments historiques. Corps privilégié, ils ont la qualité de fonctionnaire, peuvent avoir une clientèle privée et perçoivent un pourcentage allant de 5 à 14 % sur le montant des travaux. Les *architectes des Bâtiments de France* (ABF) sont au nombre de 200 environ et ne se voient confier que les travaux d'entretien. « Fantassins du patrimoine », ils ont aussi la lourde charge de donner leur avis pour les constructions situées aux « abords » des monuments historiques.

Un régime fiscal très favorable avec exonération ou réduction d'impôts a été mis en place, avec possibilité de « déficit foncier »[1].

2. **La protection des abords.** – Apparue dès la loi de 1913, la notion d' « abords » n'est devenue opérationnelle qu'après que la *loi du 25 février 1943* lui eut adjoint celle de *« champ de visibilité »,* défini à partir de deux éléments : le *périmètre des 500 m* et la *covisibilité.*

Lorsqu'un immeuble est situé dans le champ de visibilité d'un édifice classé ou inscrit, il ne peut faire l'objet d'aucune démolition ou transformation sans le visa préalable de l'ABF délivré en même temps que le permis de construire. *Un avis défavorable lie l'autorité compétente* et la contraint à refuser le permis (art. 421-6 C. urb.). À la demande du maire ou du pétitionnaire, un *appel* peut être fait devant le préfet de région. L'imprécision de la définition du champ de visibilité a eu pour conséquence un élargissement constant de cette notion : le « périmètre » est vite devenu « rayon », et la « covisibilité », définie comme la visibilité depuis le monument ou en même temps que lui, appréciée par l'ABF sous le contrôle du juge, pose des difficultés d'interprétation.

Pour enlever à ces 33 000 « ronds bêtes et méchants » une automaticité et uniformité souvent critiquée et qui donne aux ABF un pouvoir de « veto » redoutable mais le plus souvent salutaire, la *loi du 7 janvier 1983,* relative à la répartition des compétences entre les collectivités locales et l'État, donne aux élus locaux la possibilité de créer des *zones de protection du patrimoine architectural, urbain et paysager* (ZPPAUP) dont le tracé ne sera plus limité à un espace circulaire mais pourra couvrir des superficies très diverses. Les autorisations de construire dans ces zones seront soumises, comme par le passé, au visa préalable de l'ABF.

1. P.-L. Frier, *Droit du patrimoine culturel,* PUF, « Fondamental », 1997 ; J.-P. Bady, *Les monuments historiques en France,* PUF, « Que sais-je ? », n° 2205, 2e éd., 1998.

Sagement, le législateur de 1983 n'a donc pas touché à l'essentiel de la vénérable réglementation existant en ces domaines qui a permis la sauvegarde d'innombrables objets mobiliers et immobiliers en péril. Les services de l'État, les hommes de l'art conservent la responsabilité principale des classements et des inscriptions (concours déterminant de la Commission régionale du patrimoine et des sites, composée d'élus locaux, de représentants de l'État et des associations) et jouent un rôle encore capital pour protéger les « abords ».

La loi démocratie de proximité du 27 février 2002 envisage, à titre d'*expérimentation,* de permettre aux collectivités locales d'exercer les pouvoirs de l'État en matière d'instruction des mesures de classement et d'instruction d'autorisation des travaux d'entretien et de réparation. Des conventions entre l'État et les collectivités intéressées définiront les modalités de l'expérimentation.

3. **La protection de certains secteurs urbains.** – Cette politique concerne, en particulier, les *centres anciens des villes* laissés à l'abandon. Les régimes se sont succédé avec des inspirations diverses. À la politique brutale de *« rénovation urbaine »* mise en place en 1958 dont le coût financier et social fut lourd et les effets sur le patrimoine désastreux – puisque les textes incitaient à la démolition pour « faire du neuf »[1] – furent bientôt préférées des actions moins brutales de restauration et réhabilitation.

La *loi Malraux du 4 août 1962* (codifiée aux art. L. 313-1 à L. 313-15 C. urb.) met en valeur l'objectif de *restauration.* Elle prévoit la création de *« secteurs sauvegardés »* à l'intérieur desquels un *plan de sauvegarde et de mise en valeur,* sorte de PLU spécifique, doit permettre un exemplaire réaménagement. La procédure de création, assez lourde, reste centralisée mais s'ouvre de plus en plus à la collaboration avec les autorités communales.

1. Il était temps, a-t-on dit, de voter l'abolition des sacrilèges.

Les travaux sur les immeubles du secteur peuvent être effectués par les propriétaires isolément ou regroupés en association foncière urbaine (AFU). Les instruments de l'urbanisme opérationnel (cf. opérations programmées d'amélioration de l'habitat : OPAH) peuvent aussi être mis en œuvre.

Pour la poursuite de cette politique de protection, les pouvoirs publics disposent de plusieurs instruments juridiques : ainsi, le *droit de préemption urbain, généralisé* (L. 210-1 C. urb.), autorise les communes à préempter en vue de « sauvegarder ou de mettre en valeur le patrimoine bâti ou non bâti et les espaces naturels » (art. L. 300-1). Mais le succès « esthétique » de ces opérations n'a d'égal que l'échec social, par substitution de catégories sociales favorisées aux anciens occupants à revenu modeste, l'objectif de diversité de l'habitat n'ayant pas été envisagé, alors que l'occasion en était offerte. La politique de renouvellement urbain préconisée par la *loi solidarité et renouvellement urbain,* dite *loi SRU du 13 décembre 2000,* ambitionne cette mixité de l'habitat restée, pour l'instant, théorique.

## II. – L'environnement rural

Parce qu'elle a parmi ses objectifs l'encouragement des agriculteurs à participer « à l'entretien du patrimoine, au maintien des équilibres naturels et à la préservation des espèces végétales et des races animales domestiques », la politique d'aménagement rural ne saurait méconnaître les préoccupations d'environnement : les agriculteurs ne doivent pas être perçus comme des « ennemis » de la nature mais comme ses protecteurs.

1. **La planification de l'espace rural.** – Les règles propres à l'espace rural ont été opportunément complétées par des règles empruntant au droit de l'urbanisme. La *loi du 23 février 2005 relative au développement des territoires ruraux* s'intéresse tout particulièrement aux zones rurales péri-

urbaines, lieux d'une concurrence croissante et souvent conflictuelle entre les fonctions productive, touristique et résidentielle. Elle donne aux départements un rôle accru dans la protection et la mise en valeur de ces espaces.

A) *Règles spécifiques à l'espace rural.* – Des *chartes intercommunales de développement et d'aménagement,* documents de planification économique, sociale et culturelle établis pour un ensemble de communes solidaires, fixent de grandes orientations d'organisation de l'espace, programmes qui seront pris en compte par les SCOT. Elles peuvent servir de base à des conventions avec l'État, le département ou la région pour la réalisation de projets de développement où la protection de l'environnement occupe une place de plus en plus importante. Ainsi, les *contrats d'agriculture durable,* établis en 2003, témoignent d'un engagement de l'agriculteur en faveur de la préservation de la qualité des sols, des eaux, de la nature et des paysages moyennant une aide des pouvoirs publics. La politique des *contrats de pays* s'inspire de l'idée de la complémentarité ville-campagne, incitation à l'intercommunalité, afin d'assurer « l'équilibre harmonieux de la population résidant dans les milieux urbains et ruraux ». Le « pays » regroupe une petite ville et son environnement, dont il convient d'enrayer le dépeuplement et la dévitalisation. Le périmètre, arrêté par le préfet, concerne un territoire présentant « une cohésion géographique, culturelle, économique et sociale ». La charte du pays envisage un projet du développement durable inspiré de l'Agenda 21, et la protection de l'environnement, bien que non expressément prévue, devrait occuper la place qui lui revient.

Le *schéma des services collectifs* des espaces naturels et ruraux doit poursuivre des objectifs de gestion intégrée de l'environnement rural, et le Fonds de gestion de l'espace rural (FGER), créé en 1995, a pour objet de soutenir les actions de gestion, entretien, réhabilitation de cet espace.

B) *Règles inscrites dans les documents d'urbanisme.* – Les documents d'urbanisme de droit commun : schémas de cohérence territoriale (SCOT) et plans locaux d'urbanisme (PLU), doivent prendre en considération l'espace agricole et sa sauvegarde.

Ainsi, les orientations fondamentales fixées par les SCOT doivent « tenir compte de l'équilibre qu'il convient de préserver entre l'extension urbaine, l'exercice des activités agricoles, des autres activités économiques, et la préservation des sites et paysages naturels ou urbains » (art. L. 122-1 C. urb.).

Les PLU classent en *« zones agricoles »* les secteurs équipés ou non à protéger en raison du potentiel agronomique, biologique ou économique (art. R. 123-7 C. urb.). Ce classement est réservé aux terres affectées à la culture ou à l'élevage. Il est destiné à les protéger de l'urbanisation, et seules peuvent y être admises les constructions nécessaires à l'exercice de l'activité agricole.

La loi du 23 février 2005 ajoute au Code de l'urbanisme un nouveau chapitre intitulé « Protection des espaces agricoles et naturels périurbains ». Le *département* peut instituer dans les zones périurbaines des « périmètres de protection et d'aménagement des espaces agricoles et naturels périurbains » (PPAEANP), compatibles avec les SCOT. En vue de cette protection, des terrains pourront être acquis par voie d'expropriation ou de préemption où interviendront des programmes d'action précisant les moyens retenus pour « favoriser l'exploitation agricole, la gestion forestière, la préservation des espaces naturels et des paysages ». Les terrains compris dans ce périmètre ne pourront plus, par la suite, être inclus dans un secteur urbanisé des plans d'urbanisme, leur vocation agricole ou naturelle étant, en quelque sorte, pérennisée.

2. **La réglementation des activités agricoles.** – Alors même qu'il retire de nombreux bienfaits des progrès économiques et de la modernisation du pays, le milieu rural en subit les effets pervers. Trois activités le menacent : la réalisation de grands travaux d'équipement, les opérations de

remembrement, les installations classées agricoles. Les pouvoirs publics se sont efforcés de dresser des garde-fous protecteurs. Bien des progrès restent à faire cependant.

A) *Grands travaux d'équipement.* – Les grands travaux publics entrepris dans le louable souci de moderniser le pays : barrages, routes, viaducs, aéroports, lignes à haute tension, centrales électriques..., ne sont pas sans présenter de graves dangers pour l'agriculture et l'environnement. Les « féodalités » thermiques, hydrauliques, autoroutières portent souvent de rudes atteintes à l'outil de travail du paysan, défigurent des sites, compromettent des équilibres naturels.

La règle de droit est intervenue pour limiter les inconvénients de ces opérations : cf. obligation pour le maître de l'ouvrage de participer financièrement à la réinstallation des agriculteurs, et le juge administratif, dans son contrôle du bilan de l'utilité publique des opérations d'aménagement, manifeste depuis quelques années une fermeté nouvelle, faisant des préoccupations environnementales un élément essentiel du bilan.

B) *Remembrement.* – Le souci de moderniser l'agriculture et d'améliorer ses rendements fut à l'origine de la politique de remembrement dont ne furent alors perçus que les effets bénéfiques. Dès le XIXe siècle, les économistes avaient dénoncé les risques d'un morcellement extrême des propriétés agricoles à la suite des successions et partages, les règles du Code civil étant dénoncées comme une « machine à hacher le sol ». Les chantres du remembrement durent modérer leurs certitudes tranquilles lorsqu'il apparut que cette restructuration et surtout les travaux connexes qu'elle entraîne portaient de graves *atteintes à l'environnement.* L'arasement des talus, le remblaiement des fossés suppriment les refuges familiers d'oiseaux et d'insectes, empêchent la production d'humus et entraînent une érosion excessive à l'origine de l'effondrement des berges, de l'envasement des estuaires et d'inondations. La Bretagne a payé un lourd tribut au remembrement à la suite de la destruction, en vingt ans, de 60 000 km de talus et de 5 millions d'arbres.

Désormais, le remembrement n'a plus seulement comme objectif l' « amélioration » de l'exploitation agricole mais l' « aménagement rural », ce qui est significatif d'une préoccupation plus globale, incluant la protection de la nature. L'obligation d'une *étude d'impact* pour tous les remembrements et la possibilité d'un remembrement-aménagement qui donnera lieu à un document d'ensemble incluant le PLU, avec enquête publique, contribueront à la protection.

Menacé par la modernisation, l'espace rural l'est aussi par l'abandon, phénomène de « désertification » que connaissent de nombreux pays. On a estimé à près de 8 % de la surface agricole les terres incultes récupérables en France. Divers mécanismes cherchent à encourager cette récupération : inventaire dressé dans chaque département ; mise en demeure des propriétaires de mettre ces terres en culture ; possibilité, en cas de refus, de confier l'exploitation à des tiers ou à la SAFER.

C) *Installations classées agricoles. Pesticides. Agriculture biologique.* – Le fait que les installations industrielles, classées dans la première catégorie, doivent être le plus éloignées possible des espaces urbanisés est, en lui-même, une menace pour le monde rural. Mais, par ailleurs, ce milieu engendre lui-même l'industrialisation. Il a ses propres installations classées que l'encouragement de l'industrie agroalimentaire favorise : porcheries, élevages de volailles, équarrissage[1], à l'origine de pollutions (odeurs, déchets, pollution des eaux) souvent graves.

La *loi de 1917 sur les établissements classés* ne s'appliquait qu'aux établissements industriels et commerciaux, excluant les activités agricoles. Fort opportunément, la loi du 19 juillet 1976 soumet ces dernières au *régime général des installations classées*. Selon leur importance, les acti-

1. Traitement des déchets d'abattoir pour livrer au commerce la peau, les os, les graisses et les gélatines.

vités d'équarrissage, torréfaction, affinage des fromages, élevage et abattage des animaux... seront soumises à déclaration ou autorisation. L'implantation des *porcheries industrielles* donne lieu au contentieux le plus abondant (cf. en Bretagne), les propriétés voisines voyant leur valeur et leur usage fortement dépréciés par ce voisinage[1]. En relation avec le nombre d'animaux, des distances minimales ont été fixées, et la DASS exerce un rigoureux contrôle, ainsi que l'inspection des installations classées. Il est recommandé de mener conjointement les procédures d'autorisation d'ouverture et de permis de construire.

D) *Utilisation des produits antiparasitaires et des engrais naturels.* – Nul ne saurait contester leur utilité dans la protection des végétaux et l'amélioration des rendements. Néanmoins, l'utilisation et l'épandage des *pesticides* ainsi que de certains engrais chimiques présentent d'incontestables risques pour les sols, la faune, l'alimentation de l'homme, du fait de leur accumulation le long des chaînes alimentaires. Des pronostics alarmants ont été livrés par d'éminentes personnalités.

Un système d'homologation a été mis en place, la décision étant prise par le ministère de l'Agriculture. L'homologation est valable dix ans et peut être retirée à tout moment. La commercialisation des produits est elle-même contrôlée (cf. publicité). Des directives communautaires sont intervenues pour fixer des interdictions ou des teneurs maximales. L'affaire du Gaucho, pesticide dangereux pour les abeilles, a donné lieu à des jurisprudences embarrassées : CE, 9 octobre 2002, et CE, 21 mars 2003, « *Union nationale de l'apiculture française* ». Des périmètres de protection où l'épandage est interdit, des mesures destinées à éviter la dispersion sur les propriétés des tiers, et un contrôle particulier de l'épandage aérien ont été mis au point, les infractions étant assorties de sanctions civiles et pénales.

1. Les seuils des porcheries soumises à déclaration (au-dessus de 50 animaux) et à autorisation (au-dessus de 450 animaux) ont été relevés malgré les protestations des écologistes.

Les vertus des *engrais naturels* sont connues depuis longtemps[1] et les abus de l'agriculture chimique ont entraîné la protestation des consommateurs et leur intérêt pour l'agriculture biologique. La loi du 30 décembre 1988 a mis au point un système d'homologation réservée à certains produits dits biologiques dont la préparation n'a donné lieu qu'à l'utilisation de substances organiques naturelles. L'homologation est délivrée par des organismes de certification agréés. La loi d'orientation agricole du 9 juillet 1999 encourage, de manière discrète, ce retour aux méthodes traditionnelles, instrument d'une agriculture durable.

Un autre problème est posé par l'*épandage des boues usées* provenant des stations d'épuration, 60 % étant absorbées par l'agriculture. Considérées comme des fertilisants, elles peuvent se révéler dangereuses car elles contiennent aussi des métaux lourds, comme du plomb ou du cadmium. Des recommandations ont été faites et les préfets peuvent fixer des conditions restrictives à l'épandage.

## III. – L'environnement urbain

La recherche d'une ville à visage humain, où l'agrément du cadre de vie inspire l'aménagement rationnel de l'espace, est prise en compte par le droit de l'urbanisme à la fois dans la planification du sol, la réalisation des grandes opérations d'urbanisme et le droit des autorisations de construire. Le droit français devrait s'inspirer du concept d'écologie urbaine retenu par le droit communautaire (cf. le Livre vert sur l'environnement urbain, adopté en janvier 1991).

1. **Environnement et planification du sol.** – Les lois et règlements imposent aux documents d'urbanisme de prévoir

1. Une loi américaine de 1856 autorisait les citoyens américains découvrant des dépôts de guano (engrais particulièrement fertile) sur une île non appropriée à l'occuper « au nom des États-Unis ». Cette promotion de l'agriculture biologique est ainsi à l'origine de l'acquisition, par les États-Unis, de nombreuses îles du Pacifique.

des dispositions protectrices de l'environnement qui se traduisent dans le *zonage* et par l'établissement de nombreuses *servitudes*.

A) *Déclarations de principe.* – Le Code de l'urbanisme s'ouvre par une déclaration de principe selon laquelle « le territoire français est le patrimoine de la nation », chaque collectivité publique, gestionnaire et garant, devant *« gérer le sol de façon économe »* et *« assurer la protection des milieux naturels et des paysages »* (art. L. 110 C. urb.). À cette fin, les documents d'urbanisme déterminent les conditions permettant d'assurer « l'équilibre entre le développement urbain maîtrisé et la protection des espaces naturels et des paysages » (art. L. 121-1 C. urb. qui précise, dans son alinéa 3, les éléments de la protection environnementale à prendre en compte).

Ainsi l'article L. 122-1 du Code de l'urbanisme décide-t-il que les SCOT « déterminent les grands équilibres entre les espaces urbains et à urbaniser et les espaces naturels et agricoles ou forestiers. Ils apprécient les incidences prévisibles de ces orientations sur l'environnement ».

Le *rapport de présentation* du SCOT explicite la manière dont il prend en compte la préservation et la mise en valeur de l'environnement et justifie les choix retenus (art. R. 122-2).

S'agissant des PLU, la loi SRU renforce l'obligation de prendre en compte les contraintes environnementales.

Le *rapport de préservation* doit « analyser l'état initial de l'environnement », « évaluer les incidences des orientations du plan sur l'environnement et exposer la manière dont le plan prend en compte le souci de sa préservation et de sa mise en valeur » (art. R. 123-1, 1° et 4°) et un nouveau document : le *projet d'aménagement et de développement durable* (PADD) définit les orientations d'urbanisme et d'aménagement retenues par les communes en vue de « favoriser le renouvellement urbain et de préserver la qualité architecturale et l'environnement », pouvant, de surcroît, préciser les mesures « de nature à assurer la préservation des paysages ».

B) *Zonage et servitudes.* – Les règles concernant la densité d'occupation des sols, l'implantation, le volume, la hauteur des constructions sont souvent protectrices de l'environnement mais indirectement. Beaucoup plus nettement liées à cette sauvegarde sont les servitudes résultant, d'une part, des zones naturelles inscrites dans les PLU, et, d'autre part, des espaces boisés protégés.

Les *zones naturelles et forestières,* dites « zones N », ont remplacé les zones ND des POS. Peuvent être classés en zone N « les secteurs de la commune, équipés ou non, à protéger soit en raison de la qualité des sites, des milieux naturels, des paysages et de leur intérêt, notamment du point de vue esthétique, historique et écologique, soit de l'existence d'une exploitation forestière, soit de leur caractère d'espace naturel » (art. R. 123-8 C. urb.). Les constructions sont, en principe, interdites dans ces zones. Mal reçu par les propriétaires de terrains, ce classement est l'un des instruments juridiques les plus efficaces pour la protection des espaces naturels ; encore convient-il que les responsables de l'élaboration des PLU en fassent un juste et équitable usage.

Les articles L. 130-1 à L. 130-6 du Code de l'urbanisme ont mis au point un ensemble de procédures disparates destinées à préserver les espaces boisés de la pioche des défricheurs.

2. **Environnement et urbanisme opérationnel.** – Réécrit par la loi SRU, le *nouvel article L. 121-1* qui, comme il a été dit, donne aux préoccupations environnementales une large place parmi les objectifs des documents d'urbanisme, soumet les aménageurs au respect de ces préoccupations. Ses dispositions s'appliquent aux directives territoriales d'aménagement (DTA).

La création des *zones d'aménagement concerté* (ZAC) est précédée d'études et d'une concertation préalable qui servent à la constitution d'un dossier, lequel comprend un rapport de présentation comportant une description de l'état du site et de son environnement et énonçant les raisons pour lesquelles le projet a été retenu, compte tenu notamment de l'insertion dans l'environnement naturel ou urbain (art. R. 311-2). Le rapport contient aussi une étude d'impact.

Les opérations de *lotissement* font aussi courir des risques à l'environnement, d'autant que les procédures sont souples et encore fortement marquées par le droit privé.

L'étude d'impact ne sera exigée, en l'absence de PLU, que pour les lotissements permettant la construction d'une surface hors œuvre nette d'au moins 3 000 $m^2$ (seuil identique à celui de l'autorisation de construire une grande surface commerciale). En dessous de ce seuil, le dossier de demande d'autorisation doit comporter obligatoirement une note de présentation indiquant les « dispositions prévues pour assurer l'insertion dans le site, le respect de l'environnement et la qualité de l'architecture » (art. R. 315-5-*a*).

3. **Environnement et permis de construire.** – Fortement encadrée par des règles de plus en plus nombreuses et sévères, la délivrance du permis de construire est l'occasion pour l'autorité responsable – le maire, au nom de la commune, lorsque celle-ci est dotée d'un PLU – de se livrer à un examen minutieux des atteintes éventuellement portées à l'environnement par la future construction.

Outre l'encadrement par les règles du PLU et par des dispositions spécifiques à certains projets ou à certains espaces (cf. littoral et montagne), des mesures d'ordre général viennent limiter l'octroi des permis au nom de la protection de l'environnement.

Ces mesures interviennent notamment dans le cadre du *Règlement national d'urbanisme* qui ne s'applique que dans les communes non dotées d'un PLU, à l'exception de certaines dispositions qui sont d'application générale.

Les hypothèses de refus possibles de permis fondées sur des préoccupations d'environnement sont nombreuses : constructions portant atteinte à la salubrité et à la sécurité publique (R. 111-2), risquant d'être exposées à des nuisances graves (R. 111-3), pouvant favoriser une urbanisation dispersée incompatible avec la vocation des espaces naturels environnants (R. 111-14) et, disposition la plus redoutée des constructeurs applicable même en présence d'un PLU, constructions pouvant porter atteinte au caractère ou à l'intérêt des lieux avoisinants, aux sites, paysages naturels et urbains... (R. 111-21 : article dit « esthétique » du Code de l'urbanisme). Toutes ces dispositions permettent à l'administration, si elle ne veut pas aller jusqu'à opposer un refus, de soumettre l'autorisation de construire à des prescriptions spéciales, obligations pour le constructeur de prendre les mesures de protection nécessaires.

Les autorités administratives ne manquent donc pas de règles auxquelles se référer pour protéger l'environnement contre des constructions ou aménagements qui lui porteraient des atteintes inadmissibles. Leurs pouvoirs sont discrétionnaires, lorsque les dispositions applicables sont permissives, c'est-à-dire qu'une marge d'appréciation en opportunité est laissée à l'administration. Saisi d'un recours en excès de pouvoir, le juge administratif sera amené à sanctionner une trop forte sévérité ou un trop grand laxisme en exerçant son contrôle, avec l'*erreur manifeste* d'appréciation qui permet d'imposer aux autorités administratives le respect d'un minimum de logique. Le juge exerce un contrôle normal lorsque les dispositions ont un caractère impératif et à l'occasion d'un refus de permis.

4. **L'évaluation environnementale.** – Dans le prolongement de la directive du 27 juin 1995 sur les études d'impact, le Conseil et le Parlement européens ont adopté le 27 juin 2001 une *directive relative à l'évaluation des incidences de certains plans et programmes sur l'environnement*. La directive a été transposée par l'*ordonnance du 3 juin 2004* et deux décrets du 27 mai 2005. Une évaluation environnementale devient *obligatoire* pour les DTA, les SCOT et certains PLU. Ces documents d'urbanisme devront, dans leur rapport, présenter une analyse de l'état initial de l'environ-

nement, une analyse des incidences prévisibles de la mise en œuvre du plan, l'explicitation du projet, les mesures envisagées d'atténuation des incidences négatives et un résumé non technique de l'ensemble des éléments du rapport. La plupart des documents d'urbanisme devant faire l'objet d'une enquête publique, le public pourra donc prendre connaissance de l'évaluation environnementale.

Chapitre IV

# LE DROIT DES POLLUTIONS ET NUISANCES

> « Il ne sert de rien à l'homme de gagner la Lune s'il vient à perdre la Terre. »
>
> François Mauriac.

La lutte contre les pollutions et nuisances peut emprunter aux règles de la police générale, celle de l'ordre public accueillant parmi ses composantes la salubrité et la tranquillité. Le plus souvent, cependant, cette lutte fait appel à des polices spéciales dont celle des *installations classées*. Parallèlement se sont développées des réglementations protectrices de milieux particulièrement agressés par l'accélération des découvertes scientifiques et la fatalité d'un progrès non exempt de perversité dans ses effets. Elles tendent à la défense contre la pollution de l'eau, de l'air et contre le bruit.

Le problème de l'élimination des déchets et de leur recyclage se pose avec une gravité croissante.

## I. – Le droit des installations classées

Le souci de protéger les populations contre les nuisances causées par la présence d'établissements polluants en milieu urbain a été à l'origine de réglementations anciennes qui furent les premières ébauches d'un droit de l'environnement : interdiction des élevages d'animaux à Paris par des ordonnances remontant au XIVe siècle, réglementation des eaux polluées dès le XVe siècle, des « boucheries-tueries » dès le XVIIe siècle. La lutte contre les pollutions fait intervenir plusieurs types de polices confiées à des autorités diverses, complémentarité et non pas concurrence.

Outre la *police spéciale des installations classées,* qui justifie une étude plus approfondie, il convient de rappeler que le *maire,* en vertu de ses pouvoirs de *police administrative générale,* issus de l'article L. 2212-2 CGCT, a la charge de la sécurité, de la tranquillité et de la salubrité publiques : lutte contre le bruit, les odeurs, les pollutions atmosphériques, etc., et, plus généralement, depuis la loi du 7 janvier 1983 (art. 90), lutte contre « les pollutions de toute nature ». Le maire est chargé aussi, en principe, de la *police rurale.* Les textes donnent des pouvoirs importants au *préfet,* lequel doit élaborer et faire respecter le règlement sanitaire départemental et a la responsabilité de la police spéciale des installations classées.

*Trois grandes dates* ont jalonné l'évolution du droit des installations classées : 1810, 1917, 1976. Désormais ce droit obéit à une réglementation générale sur la prévention des risques technologiques et se trouve de plus en plus encadré par des directives communautaires. Des installations classées d'un type tout à fait particulier ont interrogé récemment les juristes qui ne sont pas parvenus jusqu'ici à faire voter une loi spécifique adaptée à l'importance du problème : il s'agit des *centrales nucléaires.*

1. **Les diverses catégories d'installations classées.** – Pris après les avis de la section de chimie de l'Institut, le *décret napoléonien du 15 octobre 1810* relatif aux manufactures et ateliers insalubres, incommodes et dangereux tentait, avec une remarquable prémonition, de concilier les impératifs d'une industrie naissante et l'intérêt de la salubrité publique. Trois classes étaient distinguées selon leur degré de nocivité, et préalablement à l'ouverture une autorisation était exigée, la proximité ou l'éloignement des habitations étant un critère déterminant. Ce système fonctionna durant plus d'un siècle mais, estimé trop sévère, il fut assoupli par la *loi du 19 décembre 1917* qui, d'une part, excluait de son

champ d'application les établissements agricoles ainsi que les entreprises de l'État et des collectivités locales, et, d'autre part, instituait une classe soumise à une simple déclaration, classe qui ne cessa de proliférer aux dépens des deux autres, les contrôles demeurant insuffisants : c'était l'époque de l'industrialisation triomphante.

Après soixante ans de loyaux services, la loi de 1917 fut réaménagée par la *loi du 19 juillet 1976* dont les principales innovations, outre la dénomination simplifiée « installations classées pour la protection de l'environnement » (ICPE), consistent d'une part en une extension du champ d'application à toutes les activités, *y compris agricoles* – « exploitées ou détenues par toute personne physique ou morale, publique ou privée » –, d'autre part en un classement limité à *deux catégories* : les installations soumises à autorisation et celles soumises à déclaration qui, les unes et les autres, doivent être inscrites sur une liste dite nomenclature[1]. 600 000 établissements environ sont ainsi classés, dont 68 000 soumis à autorisation[2] incluant 8 400 carrières. Une troisième catégorie peut être trouvée qui concerne les installations les plus dangereuses, soumises à la directive européenne Seveso II du 9 décembre 1996. La loi sur l'eau du 13 juillet 1992 organise une coordination avec le dispositif sur les installations classées. Les IPCE font l'objet du titre 1er du livre V du Code de l'environnement, consacré à la « prévention des pollutions, des risques et des nuisances ».

A) *Installations soumises à autorisation.* – Le pétitionnaire doit déposer un *dossier très complet* auprès du préfet, contenant en particulier une étude d'impact et une étude prospective sur les dangers potentiels d'accidents, sur les se-

1. Voir J.-P. Boivin, *Droit des installations classées,* Le Moniteur, 2e éd., 2003.

2. Les modifications de nomenclature ont été fréquentes. La dernière est le fait du décret du 27 novembre 1997. La loi du 4 janvier 1993 a soumis à autorisation, au titre des ICPE, les exploitations de carrière.

cours prévus et les conditions de sécurité des travailleurs. Une *enquête publique,* annoncée par affichage en mairie et dans la presse, est organisée, les conclusions motivées du commissaire enquêteur sont mises à la disposition du public, l'avis des conseils municipaux concernés est sollicité. La décision de refus ou d'octroi est de la compétence du *préfet* et exceptionnellement du ministre de l'Environnement ou du ministre de la Défense nationale pour les installations relevant de ses services.

L'autorisation est toujours assortie de *prescriptions techniques* concernant les normes d'émission à ne pas dépasser, les mesures antipollution et les moyens d'intervention prévus, ce qui s'analyse comme un engagement implicitement souscrit par l'industriel de prévenir toute nuisance et comme une *obligation de moyens et de résultat* dont le respect conditionne l'autorisation. L'établissement d'un plan d'opération en cas de sinistre peut être imposé.

B) *Installations soumises à déclaration.* – La déclaration adressée au préfet, qui en donne récépissé, est destinée à *informer l'administration* sur la nature de l'installation et sur ses conditions de fonctionnement. Le déclarant reçoit une copie des prescriptions techniques applicables, avertissement qui le contraint à leur respect. Après avoir recueilli divers avis techniques, l'administration peut modifier les prescriptions, en les aggravant ou en les assouplissant. L'exploitant fait valoir ses observations.

C) *Des périmètres de protection* peuvent être délimités autour des installations classées. Ils peuvent prendre la forme d'un projet d'intérêt général (PIG) : CE, 3 février 1992, *« Commune de Soulon ».*

## 2. **Le fonctionnement et le contrôle.**

A) *Servitudes et inspections.* – Tout changement d'exploitant est subordonné à autorisation préfectorale. Toute modification apportée à l'installation ou à son mode de fonctionnement doit être portée à la connaissance du préfet qui peut exiger une nouvelle déclaration ou autorisation.

Le contrôle est exercé par l'*Inspection des installations classées* confiée désormais au service des Mines et aux services sanitaires. Assermentés, les ingénieurs des installations classées peuvent librement exercer un droit de visite des entreprises, exiger d'elles tous les éléments d'information permettant de vérifier le respect des prescriptions, faire procéder à toute vérification par des laboratoires agréés, ce aux frais de l'exploitant.

La participation de l'exploitant aux frais occasionnés par le contrôle est à l'origine d'une *taxe* difficilement mise en place à cause de l'opposition des industriels mais qui se décompose en une taxe unique versée au moment de la déclaration ou de l'autorisation et une redevance annuelle. Cette taxe n'est perçue que sur certains établissements faisant courir des risques particuliers à l'environnement. Elle est affectée aux services extérieurs de l'Inspection.

La compétence des inspecteurs-ingénieurs ne saurait être mise en doute, mais l'*insuffisance de leur nombre* (1 inspecteur pour 1 000 installations) affaiblit la portée du contrôle.

Les défenseurs de l'environnement redoutent aussi l'abus de la procédure de « transformation » d'une installation. La compétence du préfet est alors discrétionnaire pour exiger ou non une nouvelle demande d'autorisation. S'il ne l'estime pas nécessaire, l'industriel est dispensé de produire une nouvelle étude d'impact et l'administration n'a pas à ordonner une enquête publique, ce qui limite les garanties et le contrôle.

B) *L'environnement de l'installation : la prévention des risques technologiques.* – Un problème grave est posé par le développement de l'urbanisation autour des sites industriels dangereux. La croissance des villes les a rapprochés peu à peu des exploitations à risque, et l'explosion, en septembre 2001, d'un hangar de stockage de nitrate d'ammonium dans l'*usine AZF à Toulouse,* causant 30 morts et

450 blessés[1], ainsi que la fermeture de Métaleurop[2] ont montré l'urgence d'un renforcement du régime des zones périphériques des ICPE.

La *loi du 30 juillet 2003* relative à la prévention des risques technologiques et naturels et à la réparation des dommages renforce les moyens d'action des pouvoirs publics et les garanties exigées des entreprises. Le cœur du dispositif est l'institution de *plans de prévention des risques technologiques* (PPRT), art. L. 515-15 et s., qui devront être élaborés et mis en œuvre par l'État, après concertation, dans un délai de cinq ans afin de limiter les effets d'accidents susceptibles de survenir. Ces plans sont institués autour des installations « comportant des risques très importants pour la santé ou la sécurité des populations ». Le ministère évalue à une centaine environ le nombre des PPRT à établir, ce qui concernerait 670 entreprises à risques.

Dans le dossier de demande d'autorisation d'exploiter, un document prend une importance toute particulière : l'*étude de dangers,* qui définit et justifie les mesures propres à réduire la probabilité et les effets des accidents potentiels. Les PPRT pourront définir des zones dans lesquelles les aménagements et les constructions seront interdits ou subordonnés au respect de prescriptions spéciales. Un glacis de protection peut être organisé à partir de plusieurs instruments : servitudes d'éloignement, droit de préemption à la disposition de la commune, droit de délaissement, *expropriation* lorsque ont été identifiés des « risques importants d'accidents présentant des dangers très graves pour la vie humaine » (situation déjà prévue par la loi Barnier en 1995

1. Des catastrophes semblables ont eu lieu à Feyzin (explosion d'une raffinerie en 1966 près de Lyon) et à Blaye (explosion de silos en 1997). Sur les 1 249 sites classés Seveso, plus de la moitié sont en zone urbaine.

2. La fermeture, en 2003, d'une usine du groupe Métaleurop dans le Pas-de-Calais révèle que cette usine a généré une forte pollution au plomb. Outre les drames sanitaires et sociaux, le dépôt de bilan rend orphelin ce site dévasté et les solutions sont difficiles à trouver. L'absence d'information et de prévention semble manifeste.

pour les risques naturels majeurs). La loi renforce les obligations d'information du public et du personnel des entreprises pour une meilleure connaissance du risque. L'organisation des secours repose sur les *plans* ORSEC (loi du 2 mars 1982), départementaux et gérés par le préfet, qui donnent les consignes générales en cas d'accident. De surcroît, des *plans d'urgence,* plus précis, adaptent les secours à la nature du risque et sont révisés tous les cinq ans.

C) *Les sites pollués.* – Après que la France, très en retard, eut entrepris de dresser un inventaire des sites pollués par des activités industrielles (il y en aurait plus de 100 000), des prescriptions plus contraignantes sont intervenues pour tenter de répondre à des questions particulièrement délicates[1]. La première est celle de savoir qui est responsable de la pollution. L'*exploitant* est la personne normalement désignée mais celui-ci peut être inconnu (anciens exploitants) ou être insolvable (dernier exploitant en fonction), le site étant alors orphelin. Peut-on faire peser la responsabilité sur le *propriétaire du terrain* comme le font certains pays étrangers ? La jurisprudence après quelques tentatives timides se prononce en faveur de la *responsabilité de l'exploitant*. Quelles sont les obligations du vendeur d'un sol pollué et du notaire dans son devoir de conseil ? La loi du 30 juillet 2003 apporte quelques éléments de réponse. Un accord doit être recherché entre les collectivités territoriales et l'exploitant pour la remise en état du site (art. L. 521-27). Le vendeur est tenu d'informer par écrit l'acheteur, « pour autant qu'il les connaisse, des dangers ou inconvénients importants résultant de l'exploitation ». À défaut, l'acheteur peut poursuivre la résolution de la vente ou se faire restituer une partie du

1. Voir P. Steichen, *Les sites contaminés et le droit,* LGDJ, 1996. Lorsque le site de Saint-Denis fut choisi pour la construction du Grand Stade destiné à la Coupe du monde de football, on constata une pollution grave de certains terrains : vu l'enjeu politique et sportif, la dépollution par GDF fut rapidement menée. Il en sera tout autrement sans doute de la dépollution des sites des usines Métaleurope.

prix ou demander la remise en état du site aux frais du vendeur, si le coût ne parait pas disproportionné par rapport au prix de vente (art. L. 514-20).

3. **La prévention et la réparation des risques technologiques majeurs.** – Torrey-Canyon (1967), Seveso (1976), Amoco-Cadiz (1978), Three Mile Island (1979), Ekofisk (1980), Bhopal (1984), Tchernobyl (1986), autant de souvenirs douloureux évoquant les *risques technologiques d'accidents dits « majeurs »* qui ont contraint les pouvoirs publics à recommander certaines mesures spécifiques tant pour la prévention que pour l'organisation des secours[1].

La directive des Communautés européennes du 24 juin 1982 révisée en 1987, dite *directive Seveso,* fait peser sur les États une obligation générale d'édiction de mesures propres à prévenir les accidents majeurs et de recensement périodique d'informations précises auprès des industriels, régulièrement transmises à la Commission, qui pourra harmoniser les réglementations à partir d'un fichier central.

Elle a été remplacée par la *directive Seveso II du 9 décembre 1996,* associée à la *directive IPCE du 24 septembre 1996*. Les décrets des 28 décembre 1999 et 20 mars 2000 ont transposé leurs dispositions. La Commission a adopté en février 2000 un Livre blanc sur les responsabilités encourues.

À l'issue d'une longue négociation, la *Directive sur la responsabilité environnementale* en ce qui concerne la prévention et la réparation des dommages environnementaux a été adoptée le *21 avril 2004*. Elle concerne les dommages causés à l'environnement par les activités économiques, excluant ceux causés aux biens et aux personnes. Celles-ci auront la possibilité de demander à l'autorité compétente de prendre

1. Selon la *directive Seveso,* un accident majeur est un « événement en relation avec un développement incontrôlé d'une activité industrielle, entraînant un danger grave immédiat ou différé, pour l'homme, à l'intérieur ou à l'extérieur de l'établissement, et pour l'environnement, et mettant en jeu une ou plusieurs substances dangereuses ».

des mesures de prévention ou de réparation à l'encontre de l'exploitant responsable.

La directive établit diverses mesures de prévention à l'égard de l'exploitant : *obligation d'information* si une menace est suspectée, *obligation d'agir sans retard* et de se soumettre aux mesures ordonnées par l'autorité administrative. Un double régime de responsabilité *sans faute* (pour les activités estimées à très haut risque) et de responsabilité *pour faute* pour les autres est prévu, le lien de causalité devant être établi. La Commission présentera avant 2010 un rapport sur les instruments financiers susceptibles de couvrir le dommage.

4. **Les sanctions et les recours contentieux.** – La loi du 19 juillet 1976 fait obligation au préfet de prononcer des sanctions à l'encontre de l'exploitant qui ne respecterait pas les prescriptions imposées. Indépendantes des sanctions pénales prononcées par les tribunaux, ces *sanctions administratives* suivent la graduation suivante : mise en demeure ; prescription d'office de travaux aux frais de l'exploitant ou – système plus efficace – consignation du montant des travaux à réaliser, cette somme étant restituée au fur et à mesure de leur exécution ; fermeture provisoire ; fermeture définitive.

Le contentieux des installations classées se caractérise par *de nombreux éléments de spécificité* et par *les larges pouvoirs octroyés au juge.*

Les recours contre les arrêtés d'autorisation ou de refus se singularisent par l'allongement des délais, portés à quatre ans pour les tiers. À l'exception des recours contre l'arrêté d'autorisation, les autres recours sont de pleine juridiction et le juge administratif disposait (bien avant que la loi de 1995 ait généralisé ses pouvoirs d'injonction) d'une *plénitude de pouvoirs* qui, outre l'annulation, l'autorise à se substituer à l'administration en modifiant, par exemple, les prescriptions techniques imposées à l'industriel, en mettant en demeure l'exploitant de régulariser sa situation ou en ordonnant la suspension de l'exploitation jusqu'à la décision du préfet. Il s'agit d'un *plein contentieux*.

La responsabilité de l'administration est une *responsabilité pour faute,* la jurisprudence sur le risque dû au fonctionnement d'établissements et activités dangereux étant rarement retenue, en l'espèce.

La faute pourra résulter d'une *illégalité* (refus ou octroi illégal d'autorisation ayant causé un préjudice) ou d'une *carence,* soit du maire dans l'exercice de ses pouvoirs de police générale, soit du préfet et des services de l'Inspection des installations classées (inertie, lenteur, insuffisances dans les contrôles exercés).

Les autorisations d'ouverture sont délivrées sous réserve des droits des tiers qui peuvent, en invoquant les *troubles de voisinage,* intenter une action en responsabilité civile contre l'auteur du dommage. Mais une limite sérieuse, vivement critiquée par les défenseurs de l'environnement, a été posée par l'article L. 112-16 du Code de la construction : l'action en responsabilité sera irrecevable si l'installation de la victime est postérieure à celle de l'établissement polluant et si celui-ci respecte les prescriptions légales. La victime, consciente des risques du voisinage, a commis une imprudence en s'installant à proximité et n'a pas vocation à être indemnisée. Cette théorie jurisprudentielle de la *« préoccupation »* limite les poursuites susceptibles d'être engagées contre les pollueurs et les sanctions qu'ils doivent encourir.

5. **Les centrales nucléaires.** – Hiroshima ayant entaché l'énergie nucléaire d'un péché originel, son utilisation à des fins pacifiques eut beaucoup de difficultés à être admise par l'opinion publique.

Les centrales nucléaires font cependant partie du paysage français, décision prise au plus haut niveau politique et inspirée par la crise de l'énergie pétrolière. Avec 56 réacteurs, la France est au second rang des puissances nucléaires dans le monde après les États-Unis (112 réacteurs) et avant la Russie (45), le Japon (41) et le Royaume-Uni (37).

Le *choix du site nucléaire,* s'il repose sur certains critères techniques précis (nature du terrain, possibilités de refroidissement...), ne fait l'objet d'aucune autorisation spéciale. Par contre, la *création* et le *fonctionnement* de la centrale sont soumis à une multitude d'autorisations et contrôles, dispersés dans des textes diversifiés. Une loi générale sur le nucléaire et le débat démocratique, qu'un tel enjeu appelle, ne sont pas encore parvenus à s'imposer.

A) *Création.* – Les installations nucléaires de faible importance et celles inscrites à la nomenclature sont soumises au droit commun des installations classées. Par contre, les installations nucléaires de base, définies par un décret du 11 décembre 1963, dont font partie les centrales nucléaires[1], se voient appliquer un *régime spécial.* Elles ne peuvent être créées qu'après *de multiples autorisations* assorties éventuellement d'études d'impact : autorisation de création, précédée d'une enquête publique ; autorisations d'occupation du domaine public, de défrichement, de prise d'eau, de rejet des effluents radioactifs gazeux et liquides, et, depuis 1976 seulement, permis de construire. Comme les études et la mise au point des dossiers se font en milieu fermé réservé aux responsables du CEA, de COGEMA et d'EDF, l'administration n'a guère les moyens de s'opposer à des projets d'une telle complexité scientifique, et les associations de défense de l'environnement ou le juge se trouvent tout aussi démunis.

Les *associations* n'ont cependant pas manqué de mener le combat antinucléaire sur tous les fronts. Outre les manifestations, parfois violentes, sur le terrain, elles ont contesté presque tous les projets et usé de tous les moyens de droit pour faire triompher leurs points de vue devant le juge. Les

1. Ainsi que les accélérateurs de particules, les usines de préparation des substances radioactives et les installations destinées au stockage ou au traitement des déchets radioactifs. Cette spécificité du régime a été reconnue par la jurisprudence : CE, 20 juin 1984, « *Assoc. Les Amis de la Terre* ».

succès ont été jusqu'ici bien minces dans ce contentieux « raison d'État ».

Les recours en excès de pouvoir contre un décret d'autorisation de création n'ont jamais abouti à une annulation, pas plus que ceux intentés contre la déclaration d'utilité publique, l'indépendance entre les deux documents étant retenue (CE, Ass. 28 février 1975, *« Herr »,* à propos de la centrale de Fessenheim). Sur le fond, le Conseil d'État s'est refusé prudemment à dresser un bilan négatif, craignant, à juste titre, de se transformer en « juge qui gouverne ». Un considérant type a été mis au point à propos de l'affaire du surgénérateur de Creys-Malville (CE, 4 mai 1979, *« Département de la Savoie »*) : « Le déséquilibre entre les besoins en énergie et les ressources disponibles sur le territoire national rend nécessaire le développement de la production d'énergie électrique par des procédés différents de ceux qui sont utilisés habituellement. »

Les *rejets d'effluents radioactifs* posent des problèmes particulièrement délicats et doivent être rigoureusement contrôlés. Le décret du 4 mai 1995 les soumet à autorisation ministérielle et à un contrôle strict.

B) *Fonctionnement.* – Les accidents nucléaires sont rares, mais il y eut Three Mile Island et surtout Tchernobyl. Quant aux *risques de contamination radioactive* des milieux naturels, si occultés soient-ils, leur importance donne à réfléchir : ainsi les réactions en chaîne, communes en écologie, ont-elles pour conséquence la multiplication par 20 000 à 30 000 de la radioactivité des plantes et des poissons par rapport au milieu aquatique dans lequel ils se développent.

Les gouvernements ont donc la responsabilité de la mise au point de mesures très rigoureuses de *sécurité et sûreté nucléaire*. En France, les principales réformes ont concerné : la création en 1973 d'un *Conseil supérieur de la sûreté nucléaire* et d'un Service central de sûreté nucléaire chargés, le premier de faire des recommandations aux pouvoirs publics, le second d'un contrôle des installations, incluant la protection des travailleurs de la centrale contre les rayonnements ionisants. Un problème capital n'a pas encore reçu de solution nette : celui des déchets radioactifs (cf. *infra*). Si une résolution du Conseil de la CEE (18 février 1980) a attiré l'attention sur leur croissance et les risques encourus, le choix entre les formules du stockage ou du retraitement (par la centrale de La Hague) n'est pas encore fait. Le Commissariat à l'énergie atomique (CEA) s'est doté en 1979 d'un service spécifique : l'*Agence nationale pour la gestion des déchets radioactifs* (ANDRA), qui traite avec l'exploitant, lequel est tenu de souscrire une assurance. Les compagnies d'assurance ont créé un groupement d'intérêt économique (GIE) et souscrit un traité de réassurance avec l'État, lequel peut, par ailleurs, accorder directement sa garantie aux exploitants.

« Les neutrons au pouvoir »[1] et le lobby nucléaire, mené en France par le corps des Mines, sont en train, sous la pression de l'opinion publique, de s'ouvrir à une certaine *« transparence »* et au débat démocratique (ainsi, La Hague se montre sur un site internet). Quant aux mésaventures de Superphénix, elles ont pris fin avec la décision en 1998 d'abandonner le site de Creys-Malville. La question se pose du *démantèlement* des centrales, opération délicate et très coûteuse. La France a, pour l'instant, repoussé la date des démantèlements.

## II. – La protection et la gestion de l'eau

Nul ne saurait contester la nécessité de l'utilisation de l'eau par l'industrie, ni celle de l'irrigation et de l'arrosage en agriculture, ni celle d'une augmentation raisonnable de la consommation domestique (500 $m^3$ par an et par habitant en France, 1 200 $m^3$ aux États-Unis). Mais se manifeste alors la gravité des risques de pénurie, du fait de l'accroissement de la population, de certains gaspillages et

1. C'est le titre d'un chapitre du livre de Corine Lepage, ancien ministre de l'Environnement : *On ne peut rien faire, Madame le Ministre...*, Albin Michel, 1998.

des dangers de la dégradation de la qualité des eaux menacée par les déversements polluants. L'opinion publique s'alarme à juste titre de la transformation de certains lacs, étangs, rivières en « guenilles » et « fumier qui bouge », selon le constat que faisait déjà J.-K. Huysmans en remontant le cours de la Bièvre au début du XX^e^ siècle.

Le *droit international* s'est préoccupé très tôt de lutter contre la pollution des eaux douces (cf. traité américano-canadien de 1909). La plupart des conventions ne concernent qu'un lac ou un cours d'eau déterminé (cf., en ce qui concerne le Rhin : Convention du 3 décembre 1976 laborieusement signée et approuvée par la France en 1983). La *pollution des mers,* quant à elle, a fait l'objet de nombreuses conventions spécifiques, soit régionales, ne concernant que certaines mers particulièrement menacées (cf. Convention de Barcelone du 16 février 1976 et Protocole d'Athènes du 17 mai 1980 pour la mer Méditerranée), soit relatives à des formes individualisées de protection (cf. Conventions de Londres du 26 décembre 1972 sur la pollution résultant de l'immersion des déchets et du 2 novembre 1973 concernant les rejets d'hydrocarbures et de substances dangereuses par les navires). Après de longues et laborieuses discussions, la *Convention des Nations Unies sur le droit de la mer* a été signée à Montego Bay, le 10 décembre 1982. Les articles 192 à 237 traitent de l'obligation pesant sur les États de protéger le milieu marin par une surveillance constante des espaces se trouvant sous leur juridiction (eaux intérieures, eaux territoriales, zone économique exclusive, plateau continental) et par la coopération, l'échange d'informations, l'assistance mutuelle dans les espaces internationaux (haute mer, détroits, grands fonds).

Les diverses *directives communautaires* ont été reprises dans une *directive-cadre du 23 octobre 2000* qui prévoit la création de « districts hydrographiques » et classe les objectifs à atteindre concernant la protection de l'environnement, l'alimentation en eau potable, la maîtrise des autres usages de l'eau, la lutte contre la sécheresse ou les incendies. Les émissions et rejets dans l'eau de substances dangereuses prioritaires doivent être progressivement supprimés.

– En *droit français,* le premier texte général prenant en compte la nécessité de mettre en place un système de gestion globale des ressources nationales en eau fut la *loi du 16 décembre 1964* qui découpa le territoire en six bassins hydrographiques et créa des institutions nouvelles dotées de moyens financiers propres à assurer cette gestion. La *loi sur l'eau du 3 janvier 1992* apporte d'intéressants compléments à ce système. L'eau et les milieux aquatiques sont traités au titre premier du livre deuxième du Code dont la lisibilité est rendue difficile par un foisonnement désordonné des textes.

### 1. **La gestion et la protection globale des ressources en eau.**

A) *Les grands principes.* – La *loi du 3 janvier 1992* déclare que « l'eau fait partie du patrimoine commun de la nation » (ce qui peut susciter quelques réserves, s'agissant des eaux transfrontalières, conçues par les institutions de Bruxelles comme patrimoine de la « Communauté »). Elle proclame que la protection et la mise en valeur de cette ressource sont d' « intérêt général » et que « l'usage de l'eau appartient à tous », l'objet de la réglementation visant à réussir une « gestion équilibrée » de cette ressource. Celle-ci trouve enfin une globalité, puisque la loi s'applique indifféremment aux eaux superficielles, souterraines et aux eaux de la mer dans la limite des eaux territoriales dans une perspective de développement durable[1].

B) *Les institutions et les instruments de planification.* – La loi de 1964 avait mis en place un *Comité national de l'eau* et, dans chacun des six bassins, des *comités de bassin* composés

1. La directive du 23 octobre 2000 proclame : « L'eau n'est pas un bien marchand comme les autres mais un patrimoine qu'il faut protéger, défendre et traiter comme tel. »

de représentants de l'État, des collectivités locales, des usagers et de personnalités qualifiées, ayant des pouvoirs consultatifs sur l'opportunité des aménagements et sur le taux des redevances et exerçant une fonction d'arbitres entre les divers intérêts locaux et nationaux[1].

La création la plus originale de la loi de 1964 fut celle des *agences financières de bassin,* qualifiées d'*agences de l'eau* depuis 1992, établissements publics administratifs chargés de faciliter des actions d'intérêt commun en collectant et redistribuant des redevances perçues sur les pollueurs proportionnellement à la quantité et à la qualité de leurs rejets dans l'eau.

La loi du 3 janvier 1992 complète ce dispositif en prévoyant la mise au point de *schémas directeurs d'aménagement et de gestion des eaux* (SDAGE) au niveau des bassins et de *schémas d'aménagement et de gestion des eaux* (SAGE) facultatifs dans des unités hydrographiques plus étroites qui auront pour mission de fixer les objectifs généraux d'utilisation, de mise en valeur et de protection des ressources en eau. Cette planification n'est pas seulement indicative, puisque les documents d'urbanisme et de planification du territoire doivent être compatibles avec les SDAGE. Les 6 SDAGE ont été approuvés dès 1996. Mais, en 2002, seuls 2 SAGE, sur les 90 prévus, étaient approuvés. Les collectivités locales voient leur rôle renforcé et peuvent s'associer à ces actions par l'intermédiaire de communautés locales de l'eau.

La loi du 23 février 2005 prévoit la possibilité de créer des *« zones humides d'intérêt environnemental particulier »* et des *« zones stratégiques pour la gestion de l'eau »* où la protection de la ressource eau et de sa qualité sera particulièrement significative.

C) *Les actions globales de lutte contre la pollution.* – La loi de 1964 avait prévu un système global et cohérent dont

1. Gazzaniga et Ourliac, *Le droit de l'eau,* Litec, 1987.

certains moyens, trop ambitieux sans doute, n'ont pu être mis en place.

Un inventaire général du degré de pollution des eaux superficielles, établi sur des fichiers très précis, tenus à jour et pouvant être librement consultés, a été réalisé dans chacun des six bassins. Par contre, la détermination par décret de critères et d'objectifs de qualité pour chaque cours d'eau, assortie d'une obligation de respect par les riverains et utilisateurs, n'a pu, tant la tâche était difficile, être menée à bien. Une formule souple est recherchée, dans les « contrats de rivière » pouvant être conclus entre le ministère de l'Environnement et le département, l'État apportant son concours au financement de certains travaux destinés à l'amélioration des eaux : cf. protection des berges, aménagement des paysages.

Au niveau communautaire, des objectifs de qualité ont aussi été définis dont des procédures d'échange d'informations assurent le respect[1].

Des plans simples de gestion peuvent s'appliquer aux cours d'eau privés. Agréés par le préfet, ils ont pour objet, à partir d'un constat initial de l'état des cours d'eau, d'organiser, sur une période de cinq ans renouvelable, la programmation des travaux d'entretien, de curage et de restauration. Les propriétaires riverains concernés bénéficieront, pour ce faire, de subventions de l'État.

La pollution par les nitrates d'origine agricole préoccupe de plus en plus les pouvoirs publics. La directive CEE du 12 décembre 1991 et les décrets du 27 août 1993 et 12 juin 1996 ont conduit à l'établissement d'inventaires des zones vulnérables arrêtés par le préfet, qui doit mettre au point des programmes d'action lorsque cela est nécessaire[2].

1. La directive-cadre du 23 octobre 2000 inscrit parmi ses objectifs prioritaires « l'utilisation durable de l'eau fondée sur une protection à long terme des ressources en eau disponibles ».

2. Dans un arrêt du 8 mars 2001, *« Commission c/ France »,* la CJCE a condamné l'État français pour manquement à ses obligations de réduction de la pollution des eaux par les nitrates en Bretagne.

D) *Les moyens financiers.* – La loi de 1964 a imaginé un système original de *redevance* fondé sur l'idée d'une aide à l'épuration financée par des sommes prélevées sur les pollueurs. Le fameux *principe du pollueur-payeur*, si difficile à mettre en œuvre, reçoit ici une application efficace.

Fixé par chaque agence et différent selon les bassins, le taux de cette redevance dépend des travaux de dépollution prévus. La redevance est double : *redevance de prélèvement* liée à la quantité d'eau utilisée et *redevance de pollution* liée à la détérioration de la qualité des eaux, perçue « en fonction de la quantité de pollution produite un jour normal du mois de rejet maximal ». Elle est applicable aux usages domestiques (par l'intermédiaire du service public de distribution d'eau) et non domestiques à la suite de calculs savants tendant à établir une équivalence entre l'importance de la pollution et le montant à verser.

La redevance est ensuite redistribuée sous forme de prêts ou subventions pour la *réalisation de travaux publics ou privés* d'amélioration de la qualité des eaux, telles les stations d'épuration. Ne pouvant être assimilée ni à une taxe parafiscale ni à un prix pour service rendu, cette redevance est d'une *« nature spécifique »* (Conseil constitutionnel, 23 juin 1982). Le contentieux relève des juridictions administratives. Les *représentants des usagers* jouent un grand rôle au sein du conseil d'administration des agences, et ce néocorporatisme partenarial garantit l'efficacité de la gestion.

La Cour des comptes (v. Rapport, 1998) a critiqué l'opacité du système et la mauvaise répartition des redevances entre les utilisateurs. Les particuliers versent 85 % des sommes prélevées par les agences de l'eau, les industriels 14 % et les *agriculteurs* 1 % seulement alors qu'ils consomment (irrigation) 70 % de l'eau en France.

Les redevances n'ont pas été regroupées dans la TGAP, à la suite des critiques à l'égard de l'étatisation et de la non-affectation. Un système subsidiaire a été trouvé dans un prélèvement annuel sur les agences de l'eau, afin d'alimenter un *Fonds national de solidarité pour l'eau* créé en 2000 et géré par le ministre de l'Environnement.

Le projet de loi portant réforme de la politique de l'eau, en cours de discussion, cherche à mieux prendre en compte la pollution d'origine agricole et crée, à cette fin, une redevance spécifique sur les excédents d'azote dont le taux est âprement discuté par les agriculteurs.

2. **Le contrôle des utilisations individuelles.** – La pollution des eaux fait courir de tels dangers à la santé des hommes et à la vie des espèces que les limites et contraintes imposées aux utilisateurs se sont multipliées, règles dispersées dans de trop nombreux textes et dont les principales concernent le contrôle des rejets et la répression des activités fautives.

A) *Le contrôle des rejets.* – Une loi de 1902 a prévu l'institution, autour des points d'eau menacés par l'installation à proximité d'activités polluantes, de *périmètres de protection,* mesure de salubrité publique rendue obligatoire par la loi de 1964 (art. L. 20 et L. 21 C. santé publique). Leur mise en place est loin d'être complète, ce qui ne laisse pas d'être préoccupant dans les secteurs menacés de pollution par les nitrates à cause de l'abus d'engrais azotés.

Des mesures d'*interdiction totale* frappent certaines substances nocives (cf. détergents non biodégradables) ou certains lieux (puits et forages désaffectés). En général, les rejets et déversements susceptibles d'altérer la qualité des eaux sont soumis à autorisation préalable précaire.

Il s'agit d'une *police générale des déversements,* applicable aux eaux superficielles, souterraines ou de mer. À part exemption pour des rejets de nocivité négligeable, calculée à partir de paramètres incluant la plus ou moins grande vulnérabilité du cours d'eau, tous les déversements susceptibles d'altérer la qualité des eaux doivent être *autorisés par arrêté préfectoral,* après enquête publique et diverses consultations. L'arrêté est accompagné de prescriptions techniques précises et rigoureuses que le pétitionnaire s'engage à respecter. La modification ou le retrait de l'autorisation interviendront d'office si l'intérêt général l'exige.

B) *Distribution de l'eau et assainissement.* – Considérée comme un service de proximité, elle relève traditionnellement de la compétence des communes. La distribution de l'eau est assurée soit en *régie* – le plus souvent intercommunale –, soit par des *délégations de service public* : concession ou affermage, trois grandes sociétés : Vivendi (ex-Compagnie générale des eaux), Dumez-Lyonnaise des eaux et Bouygues, se taillant la part du lion. Une certaine *vérité des prix* est désormais recherchée, mais la France n'est pas tentée par le modèle anglais de privatisation choisi en 1989.

Les collectivités locales ayant pris du retard, les réseaux d'assainissement ne desservant que 67 % de la population et les stations d'épuration moins de la moitié, un effort particulier a été entrepris pour respecter la *directive communautaire du 21 mai 1991* qui impose un système de collecte et de traitement des eaux usées sur la totalité du territoire avant la fin 2005. Les charges relatives aux dépenses d'assainissement collectif, notamment la construction et le fonctionnement des stations d'épuration et l'élimination des boues[1] qu'elles produisent, sont des dépenses obligatoires pour les communes.

Les services d'assainissement sont des SPIC. Les délégations de service public dans le domaine de l'eau ne peuvent avoir une durée de plus de vingt ans. Le délégataire doit rendre un rapport annuel sur le fonctionnement de l'installation et les exigences du droit de la concurrence sont d'application stricte.

C) *La répression.* – L'eau est sans doute l'un des milieux les mieux protégés. Le texte répressif le plus connu et le plus

1. Les « boues », résidus des processus d'épuration des eaux usées, sont considérées comme des déchets et peuvent être génératrices de pollution. Leur épandage fait donc l'objet d'un contrôle et peut être interdit, notamment dans le milieu aquatique.

appliqué est l'ex-*article 434-1 du Code rural* devenu l'*article L. 232-2,* tirant son origine de la volonté de sanctionner le braconnage (volonté inscrite dans une loi de 1829) – dispositions étendues par la Cour de cassation à tous les auteurs de pollution en eau douce. Il frappe de *peines correctionnelles* « quiconque a jeté, déversé ou laissé écouler... directement ou indirectement des substances quelconques dont l'action ou les réactions ont détruit le poisson ou nui à sa nutrition, à sa reproduction ou à sa valeur alimentaire ». Il est admis que le préjudice visé par le législateur est la *dégradation de la qualité des eaux* et pas seulement l'atteinte aux ressources piscicoles, l'élément matériel de l'infraction étant largement entendu. Quant à l'élément intentionnel, contrairement au droit commun, il n'est pas pris en considération par la jurisprudence qui n'exige pas la preuve d'une faute ou d'une imprudence.

Une loi du 31 mai 1990 a institué une incrimination nouvelle de *pollution involontaire ou accidentelle de la mer,* et la loi du 3 janvier 1992 a créé un *nouveau délit de pollution* s'appliquant à toutes les eaux, douces, salées, souterraines ou de surface, closes ou libres, progrès incontestable par rapport au système antérieur. Le délit est caractérisé par des effets nuisibles, même provisoires sur la santé, la flore ou la faune. Aucun dommage n'est exigé lorsqu'il y a eu rejet ou abandon de déchets, la matérialité des faits suffit pour caractériser le délit.

## III. – La pollution atmosphérique

La lutte pour la qualité de l'air menacée, d'une part par l'*effet de serre* et l'amincissement de la couche d'ozone dans la stratosphère, d'autre part par d'innombrables polluants passifs (suie, poussières, cendres) ou actifs (dérivés du carbone, du soufre, du chlore), pose des problèmes encore plus complexes que celle menée contre la pollution des eaux. La dispersion infinie des sources de pollution dans un espace tridimensionnel, l'impossibilité d'un découpage du territoire en vastes régions à l'image des bassins hydrographiques, la difficulté de déterminer des normes de pollution précises expliquent que les réglementations existantes demeurent encore imparfaites. Néanmoins, les *progrès* ne sont pas négligeables : diminution de 40 à 50 % de la pollution en soufre et fumées noires à Paris depuis dix ans. Ils sont dus à la mise en place progressive de réglementations et d'institutions tant au niveau national que local, à un contrôle vigilant des combustibles et des installations, à la condamnation des pollueurs à réparation par la jurisprudence. L'élan donné par les conventions internationales[1] et les directives communautaires a été capital. De plus en plus nombreuses, celles-ci concernent à la fois les émissions, les produits et les milieux.

1. **Réglementation au niveau national.** – Bien qu'elle ait eu la prétention de se présenter comme une « charte de l'air », à l'instar de celle de l'eau trois ans plus tard, la *loi du 2 août 1961* « relative à la lutte contre la pollution atmosphérique et les odeurs » s'était contentée de donner aux dispositions antipollution de la loi de 1917 sur les établissements classés un champ d'application plus étendu quant aux biens (cf. immeubles, véhicules, objets mobiliers) et aux personnes, renvoyant au pouvoir réglementaire le soin de prendre des mesures plus précises concernant les conditions de fabrication, d'équipement, les normes d'émission et d'émission.

Une structure spécifique avait été mise en place : l'*Agence pour la qualité de l'air,* établissement public de l'État à caractère industriel et commercial chargé de faciliter

1. Les principaux traités internationaux sur l'air sont : la Déclaration de La Haye du 11 mars 1989 sur la protection de l'atmosphère ; la Convention de Rio sur les changements climatiques (2-12 juin 1992) : engagement de 154 États de réduire la production de gaz à effet de serre ; la Conférence de Berlin (mars-avril 1995) sur la réduction des émissions de $CO_2$ dans l'atmosphère. Et surtout le Protocole de Kyoto (1997) par lequel les pays industrialisés se sont engagés à réduire globalement leurs émissions de gaz à effet de serre d'au moins 5 % d'ici 2012.

et de réaliser des actions de prévoyance, information, prévention. Elle pouvait recevoir des redevances pour service rendu et percevoir le produit de taxes parafiscales. En 1990, elle a été fusionnée avec l'*Agence de l'environnement et de la maîtrise de l'énergie* (ADEME).

Le cadre général de la protection de l'air est désormais défini par la *loi sur l'air et l'utilisation rationnelle de l'énergie du 30 décembre 1996*. Son article 1er énonce que les personnes publiques et privées concourent « à une politique dont l'objectif est la mise en œuvre du droit de chacun à respirer un air qui ne nuise pas à sa santé ». La qualité de l'air fait partie du patrimoine commun de la nation (art. L. 110-1 C. env.)[1].

La loi confie à l'ADEME la mission d'*informer le public* et de surveiller la qualité de l'air, en fixant des objectifs, des seuils d'alerte et des valeurs limites. Elle transpose en droit français plusieurs directives européennes et prévoit des plans régionaux décentralisés pour la qualité de l'air, des *plans de protection de l'atmosphère,* réévalués tous les cinq ans, et des *plans de déplacements urbains*. Le préfet reçoit compétence pour prendre des mesures d'urgence propres à limiter l'ampleur et les effets des pointes de pollution.

L'ADEME perçoit une *taxe parafiscale* sur la pollution atmosphérique dont le produit est, en partie, affecté à des installations de prévention ou de réduction de la pollution, taxe désormais englobée dans le TGAP. Le marché des véhicules électriques et de ceux fonctionnant au gaz naturel est encouragé par des déductions fiscales.

2. **Réglementation au niveau local.** – Par l'exercice de leurs pouvoirs de police municipale, de planification des sols et de contrôle des autorisations de construire, les maires peuvent lutter contre la pollution atmosphérique dans leur commune. Deux systèmes répondent à cette préoccupation : l'état d'alerte et les zones de protection spéciale.

1. V. aussi la loi sur l'énergie du 13 juillet 2005 et son programme de développement des énergies renouvelables.

À partir de *réseaux d'alerte* établis dans les départements, les préfets, lorsqu'il y a risque imminent de concentration de polluants atmosphériques, peuvent décider un « état d'alerte » pendant quarante-huit heures renouvelables durant lesquelles des injonctions peuvent être adressées aux établissements polluants et même aux utilisateurs de chauffage domestique. Ces prescriptions sont immédiatement exécutoires, et leur non-respect est une contravention pénalement sanctionnée.

Des *zones de protection spéciale* peuvent être créées de façon permanente dans les agglomérations les plus exposées. Elles permettent d'imposer aux installations fixes des normes de construction et de fonctionnement particulièrement rigoureuses. Des progrès sont intervenus pour renforcer la surveillance de la qualité de l'air, et la plupart des grandes agglomérations se sont dotées de réseaux de contrôle perfectionnés[1].

Des *plans de déplacement urbain* (PDU) ont été rendus obligatoires dans les agglomérations de plus de 100 000 habitants. Leurs orientations doivent être prises en considération par les PLU – mise en cohérence renforcée par la loi SRU. Le développement des transports en commun[2] et des pistes cyclables permet de limiter une des causes principales de la pollution atmosphérique en ville – à savoir, la circulation des véhicules à moteur.

3. **Le contrôle des combustibles et des installations.** – Pour la plupart dérivés du pétrole, les combustibles font l'objet d'une réglementation fixant les *teneurs limites* des impuretés qu'ils sont autorisés à détenir. Les États-Unis, le Canada et le Japon ont d'ores et déjà totalement supprimé le plomb dans l'essence.

1. Ainsi celui qui fonctionne à Aix-Marseille (Air Marlaix), géré par une association et financé par les industriels, les collectivités locales et le port autonome. Le même système se retrouve à Rouen, Lille, Lyon, Strasbourg. Le réseau Air-Paris a vu le jour en 1979.
2. Avec une préférence pour le tramway.

Suite à la directive CEE du 20 mars 1985, les États membres se sont engagés à mettre sur le marché une essence à 0,15 g de plomb maximum par litre et aux avantages fiscaux consentis par les États à l'essence sans plomb.

En ce qui concerne les chlorofluorocarbones (CFC) rendus responsables de la diminution de la couche d'ozone, la Conférence de Londres, en juin 1990, a décidé la suppression complète du CFC avant l'an 2000. Des accords avec l'industrie pour la mise en place de produits de substitution ont été passés en France dans le cadre d'un règlement CEE du 14 octobre 1988. Les installations fixes d'incinération, de combustion ou de chauffage sont soumises au respect de *normes de fabrication et d'émission* fixées par divers arrêtés ministériels.

La pollution de l'air par les gaz d'échappement des véhicules automobiles représente environ 25 % de la pollution atmosphérique globale. L'interdiction d'émission de « fumées, gaz toxiques corrosifs ou odorants » est inscrite à l'article R. 69 du Code de la route, et des mesures spécifiques figurent dans de nombreux textes, imposant le respect de normes antipollution. Les pots d'échappement catalytiques sont de plus en plus imposés sur les véhicules neufs (cf. directive CEE du 3 décembre 1987).

4. **La répression et la réparation.** – L'extrême diversité des dommages causés par la pollution atmosphérique : pertes de récoltes, « peste verte » née des pluies acides, « fluorose » du bétail, maladies pulmonaires chez l'homme, est à l'origine d'un abondant contentieux. En dehors des sanctions pénales appliquées par les tribunaux répressifs, la demande de réparation sera portée devant le juge civil ou administratif.

Les *tribunaux judiciaires* admettent l'indemnisation lorsque les troubles excèdent les inconvénients normaux de voisinage : poussières d'une cimenterie causant des dégâts à une exploitation d'arbres fruitiers, émanations de fumées ou d'odeurs ayant des incidences sur les immeubles voisins, encore convient-il que le seuil normal de désagréments supportables soit dépassé.

Les *juridictions administratives* ont à connaître de ces problèmes dans le cadre des *dommages de travaux publics*. La victime, lorsqu'elle a la qualité de tiers, n'a pas à prouver l'existence d'une faute mais seulement le caractère certain, direct et anormal du dommage.

Seront pris en considération les dommages causés aux récoltes ou au bétail par des travaux de goudronnage d'une route, par les poussières soulevées par les engins, par les dépôts de cendres d'une centrale thermique. Toute une jurisprudence est née du fonctionnement défectueux des décharges d'ordures ménagères communales, lorsque les fumées et odeurs entraînent des pertes de récoltes, des maladies, une diminution sérieuse de clientèle pour un hôtelier... Encore faut-il que le caractère anormal du trouble soit prouvé.

5. **Le marché des quotas d'émission de gaz à effet de serre.** – La gravité des menaces engendrées par le réchauffement de la planète, dont l'une des causes est l'effet de serre du fait des émissions dans l'air de 6 gaz particulièrement polluants[1], a conduit les États à réagir. Adopté en 1997, le *Protocole de Kyoto* cherche, dans un premier temps, à obtenir, de la part des pays industrialisés, une réduction globale de 5,2 % de leurs émissions de gaz à effet de serre à l'horizon 2012. Non signé par le principal pollueur : les États-Unis (36 % des émissions), le protocole est entré en vigueur le 16 février 2005 avec la ratification de la Russie. Le protocole prévoit un système d'échange de quotas au niveau mondial mais d'ores et déjà une *directive européenne* avait été adoptée le *13 octobre 2003* qui a été transposée en France par l'ordonnance du 14 avril 2004 (art. L. 229-5 à L. 229-19).

Le système est le suivant. L'administration détermine un *plafond global d'émissions* autorisées et distribue des permis d'émettre aux pollueurs, correspondant à des *quotas*.

1. Gaz carbonique, méthane, protoxyde d'azote et les trois gaz fluorés.

Chaque émetteur a l'obligation de limiter ses émissions à un niveau spécifié. S'il réussit à réduire ses rejets à un niveau inférieur, il peut vendre ses quotas à une autre émetteur qui pourra, alors, dépasser le quota qui lui a été fixé, le nombre de quotas globalement autorisés restant invariable. Ne sont pour l'instant concernées que les IPCE soumises à autorisation et qu'un seul gaz à effet de serre, le *dioxyde de carbone,* plus facilement quantifiable que les autres.

Un *plan national d'affectation* des quotas est établi pour une durée de 3 ans (5 ans ensuite) qui définit la quantité maximal de quotas pouvant être alloués.

## IV. – Le « droit contre le bruit »[1]

Gêne insidieuse, dont la nocivité est fonction de la durée, de l'intensité, de la répétition, de l'accoutumance et n'est mesurable qu'à partir de nombreux éléments subjectifs, la nuisance phonique n'a pas trouvé encore de solution satisfaisante. Les textes qui la réglementent sont très divers et d'une haute technicité. Les mesures protectrices fondées sur le respect de normes de plus en plus décidées aux niveaux international et communautaire s'appliquent aux trois principales sources de nuisances acoustiques : transports, activités industrielles et de loisirs, voisinage. Des systèmes spécifiques ont été prévus pour la protection autour des voies à grande circulation et des aérodromes. Il s'agit de déterminer un *seuil acoustique supportable,* le silence infini étant aussi effrayant que le bruit. Des points noirs et des zones grises sont ainsi déterminés. La *loi du 31 décembre 1992 relative à la lutte contre le bruit* s'est efforcée de résoudre les questions les plus urgentes dans une logique de gestion intégrée.

1. **Diversité des normes antibruit.** – La tranquillité publique est un des buts de la police générale confiée au maire, en vertu de l'article L. 2212-2 du CGCT qui en détaille minu-

1. Tel est le titre du traité de Jean Lamarque, LGDJ, 1975.

tieusement les composantes. Dans les communes où la police est étatisée, ce pouvoir est transféré au préfet. Le décret du 5 mai 1988 réglemente les troubles causés par les bruits du voisinage et institue une répression difficile, vu sa complexité, à mettre en œuvre.

Des *règlements types* sont intervenus, distinguant selon que les bruits ont été émis à l'intérieur ou en dehors des lieux accessibles au public. Une initiative intéressante a consisté à développer une politique de *contrats antibruit* conclus entre l'État qui subventionne l'achat de matériel de contrôle acoustique et certaines villes qui s'engagent à renforcer les mesures antibruit. Le *Conseil national du bruit,* organe consultatif créé par le décret du 7 juin 1982, peut suggérer d'autres pratiques de cet ordre, mais son influence reste limitée.

Les polices de défense contre le bruit sont le plus souvent des *polices spéciales*. Elles s'appliquent aux activités industrielles, soit dans le cadre de la réglementation des installations classées, soit plus largement dans le cadre des dispositions des règlements sanitaires et de la norme française de bruit déterminant divers seuils de gêne acoustique que les entreprises ont l'obligation de ne pas dépasser. Elles s'appliquent à la *construction des logements,* laquelle doit respecter des normes précises d'isolation acoustique, les logements sociaux étant incités à intégrer des systèmes encore plus protecteurs. D'une manière générale, les constructions « susceptibles, en raison de leur localisation, d'être exposées à des nuisances graves, dues notamment au bruit », ne doivent pas être autorisées (art. R. 111-3-1 C. urb.).

La plupart de ces dispositions sont assorties de *sanctions pénales et civiles* destinées à assurer leur respect. La plus ancienne figure aux articles R. 34-8° et R. 35-5° punissant le « tapage nocturne ». Les plus complexes concernent les responsabilités des constructeurs à l'égard du maître de l'ouvrage pour les défauts d'isolation phonique, contentieux prenant en compte la loi du 4 janvier 1978 relative à la responsabilité et à l'assurance dans le domaine de la construction.

2. **La protection autour des grands itinéraires routiers et des aérodromes.** – L'article R. 111-5 du Code de l'urbanisme interdit l'édification des constructions destinées à l'habitation à moins de 50 m des autoroutes et de 35 m de l'axe des grands itinéraires, l'interruption des travaux et la démolition pouvant être ordonnées. Ces dispositions résultent du décret du 29 mars 1976, et bien des constructions antérieures ne les respectent pas. C'est le cas, en particulier, de celles qui bordent le boulevard périphérique de Paris, emprunté quotidiennement par un flot de plus de 600 000 véhicules. À la suite de négociations entre le ministère, la ville de Paris et la région Île-de-France, un programme de protection phonique a été arrêté en 1983, destiné à la construction d' « écrans antibruit », d'isolation de façades et insonorisation des logements les plus agressés, mesures étendues aux constructions en bordure des autoroutes autorisées avant 1976. La prise en compte des nuisances sonores devient obligatoire lors de « la conception, l'étude et la réalisation des aménagements de transports terrestres » ; en particulier, sera introduit dans le dossier soumis à l'enquête publique l'énoncé des « mesures envisagées pour supprimer ou réduire les conséquences dommageables des nuisances sonores ».

Menée par des associations de riverains, la lutte pour une réglementation des *nuisances acoustiques aux abords des aérodromes* a permis, après de longues années d'imprévoyance, la mise au point de divers systèmes protecteurs.

S'agissant de la réduction du niveau sonore des appareils eux-mêmes, des *certificats acoustiques* sont imposés par l'article R. 133-2 du Code de l'aviation civile dans le respect des dispositions de l'annexe 16 de la Convention de Chicago et de directives CEE. S'agissant du trafic aérien, des interdictions et des hauteurs *maxima* de survol sont fixées, ainsi que des trajectoires spéciales pour le décollage et l'atterrissage. Des mesures ont aussi été prises afin de réglementer sévèrement les constructions aux abords des aérodromes par la *loi d'aménagement et d'urbanisme du 11 juillet 1985*. Après consultation des conseils municipaux concernés, le préfet élabore un *plan d'exposition au bruit* qui sera annexé au PLU et s'impose à lui. Dans les zones A et B de bruit fort, les constructions nouvelles à usage d'habitation sont interdites ; dans les zones C de bruit modéré, seules sont admises des constructions individuelles munies d'une isolation phonique suffisante.

Les documents d'urbanisme doivent prendre en considération ces nuisances, et des *plans spécifiques d'exposition au bruit,* mis à la disposition du public, doivent être traduits dans ces documents. La loi de 1992 établit, pour les 9 principaux aéroports français, une taxe d'atténuation des nuisances sonores, intégrée à la TGAP, taxe payée par les compagnies aériennes et dont le taux est doublé pour les décollages entre 23 h 30 et 6 heures.

Des dispositions spéciales concernent les bâtiments publics, les sports et loisirs bruyants, les engins de chantier...

## V. – L'élimination des déchets

Juridiquement le déchet est un *« bien meuble abandonné »,* un bien sans maître, une *res derelictae.*

La gestion des déchets, que les sociétés contemporaines de consommation sinon de gaspillage produisent en abondance, est devenue un des enjeux majeurs des politiques d'environnement[1].

1. **Principes.** – Ils sont à rechercher dans les deux principales lois intervenues jusqu'ici : celle de 1975 et celle de 1992.

1. Selon une étude de l'OCDE, la quantité de déchets produits actuellement mesurée en kilogrammes/habitant serait, pour les déchets domestiques : États-Unis (864), Japon (394), France (304), RFA (331), Royaume-Uni (353) ; et, pour les déchets industriels mesurés par unité de PIB : États-Unis (186), Japon (235), France (89), RFA (95), Royaume-Uni (97).

Le déchet est défini comme « tout résidu d'un processus de production, de transformation ou d'utilisation, toute substance, matériau, produit ou plus généralement tout bien meuble abandonné ou que son détenteur destine à l'abandon » (art. 1er, loi du 15 juillet 1975).

– La *loi du 15 juillet 1975* : elle pose en principe l'obligation pour le producteur ou le détenteur des déchets de procéder à leur élimination selon des techniques appropriées sous contrôle de l'administration qui peut, après mise en demeure, assurer d'office cette élimination aux frais et risques de l'exploitant, procédure rarement mise en œuvre. L'obligation d'information était aussi imposée mais insuffisamment contrôlée, ce qui appelait les réformes de 1992.

– Suivant les directives européennes, la *loi du 13 juillet 1992* sur l'élimination des déchets renforce les dispositions de la loi de 1975. Elle lance un double défi : « À compter du 1er juillet 2002, les installations d'élimination des déchets par stockage ne seront autorisées à accueillir que des déchets ultimes » et « il convient de valoriser les déchets par réemploi, recyclage ou toute autre action visant à obtenir à partir des déchets des matériaux réutilisables ou de l'énergie ». Le stockage et la mise en décharge doivent donc à terme être réservés aux déchets « ultimes ». *Valoriser* et *recycler* les déchets est devenu un objectif prioritaire.

2. **Les différents types de déchets.** – Parmi les résidus abandonnés ou destinés à l'abandon, on distingue les déchets ménagers, industriels, hospitaliers et radioactifs.

– Les *déchets ménagers*. Près de 30 millions de tonnes sont produits chaque année en France. Leur élimination est de la *compétence des communes*. La moitié d'entre elles recourent à la régie directe, en se regroupant souvent dans un syndicat intercommunal, les autres font appel à des entreprises privées par voie de concession ou d'affermage[1]. Les décharges sauvages sont interdites et, comme il a été dit, à compter du 1er juillet 2002 les installations de stockage ne seront autorisées qu'à accueillir des déchets ultimes (c'est-à-dire insusceptibles d'être traités dans l'état actuel des techniques). 10 000 décharges brutes ont été fermées entre 1978 et 1990. Plus de 6 000 restent à supprimer. Les modalités de

1. Le maire doit présenter, chaque année, un rapport sur le prix et la qualité de ce service.

traitement et d'élimination envisageables sont : l'*incinération,* avec la possibilité de récupération d'énergie elle-même non dénuée de risques de pollution ; le *compostage* pour les déchets provenant d'organismes vivants recyclés comme fertilisants agricoles ; et le *recyclage avec production d'un matériau nouveau,* méthode qui requiert le tri sélectif par les particuliers, comportement encouragé par les communes.

– Les *déchets industriels.* Le préfet est devenu l'autorité de droit commun, à l'exception des décisions relatives au transit des déchets qui restent de la compétence du ministre.

On distingue les déchets industriels banals, car similaires à ceux des ménages (ainsi des emballages), les déchets industriels spéciaux, soit inertes (déblais du secteur du bâtiment), soit toxiques ou dangereux qui doivent être éliminés par incinération dans des installations spécialisées, soit ultimes. Ils sont stabilisés dans des installations de stockage spécifiques.

Les déchets industriels banals sont souvent recyclés par la société *Éco-emballage,* agréée en 1992[1]. Chaque région doit élaborer un plan d'élimination des déchets industriels spéciaux, compétence décentralisée depuis 2002.

– Les *déchets hospitaliers.* Ceux qui présentent des risques infectieux particuliers doivent être incinérés soit à l'intérieur de l'hôpital, soit dans des usines spécialisées. Les autres sont soumis à la réglementation sur les déchets industriels spéciaux.

– Les *déchets radioactifs.* Leur élimination est devenue un enjeu de plus en plus préoccupant. Ils peuvent être classés selon leur dangerosité : déchets faiblement radioactifs à vie courte : trois cents ans (catégorie A), stockés en surface à La Hague (Cotentin) ou à Soulaines (Aube) ; déchets de moyenne activité à vie longue (catégorie B) ; déchets de haute activité à vie longue (catégorie C)[2].

1. Les pays de l'Union européenne s'inspirent souvent du système Éco-emballage, préféré au système allemand DSD, plus radical, afin de transposer la directive « *Emballage* » du 20 décembre 1994.

2. Une partie de ces déchets peut être recyclée (usine de La Hague) mais ce retraitement présente, à cause des rejets, des risques, et certains souhaitent l'abandon de ce système.

Un problème préoccupant est la détermination des communes d'accueil des déchets à vie longue. Les sites sélectionnés jusqu'alors par le CEA se sont heurtés à l'opposition ferme des populations locales, réaction qualifiée de syndrome *Nimby* : *« Not in my Back Yard. »* La loi du 30 décembre 1991 confie à l'Agence nationale pour la gestion des déchets radioactifs (ANDRA), déjà gestionnaire de centres de stockage, le soin de sélectionner des sites pour ce que l'on qualifie désormais de « laboratoires souterrains »[1].

3. **Planification, valorisation, recyclage.** – Des *plans régionaux d'élimination des déchets industriels spéciaux* ont été prévus au niveau de la région. Le département, quant à lui, a compétence pour élaborer des plans d'élimination des déchets ménagers. Le plan comporte des inventaires prospectifs à cinq ou dix ans des quantités de déchets à éliminer selon leur nature et leur origine, et il envisage la localisation des centres de stockage des déchets ultimes issus des déchets ménagers. Il est demandé aux préfets de prendre en compte la réalité démographique des territoires dans la conception des plans. La plupart des départements ont élaboré ces plans.

Les procédés permettant le réemploi des déchets en vue d'obtenir des matériaux réutilisables ou de l'énergie sont le *recyclage* (directive CEE, 27 juin 1985), la *régénération* (directive CEE, 16 juin 1975) afin de retrouver après traitement un produit similaire à celui qui est devenu déchet avant sa déréliction et enfin la *valorisation énergétique,* c'est-à-dire la récupération de l'énergie issue de l'élimination des déchets. La modernisation des installations suscite de grands efforts financiers de la part des communes, lesquelles reçoivent des subventions de l'ADEME. À cet égard, les élus avaient largement favorisé l'incinération, mais une circulaire de 1999

1. Un puits d'enfouissement a été aménagé à Bure (Meuse). La solution, réversible, de l'enfouissement en surface est en cours d'étude. Avant décembre 2006, un rapport doit être remis au Parlement sur l'évaluation des recherches en la matière.

demande aux préfets de réviser leurs plans selon des critères plus écologiques donnant la priorité au recyclage et à la valorisation ; une mise aux normes des anciens incinérateurs est prévue[1].

4. **Le transport des déchets dangereux.** – Les mouvements transfrontaliers de déchets dangereux sont réglementés par la *Convention de Bâle,* du 22 mars 1989, qui soumet les flux à la conclusion d'accords bilatéraux. Suite au scandale du transport des déchets hospitaliers, un addendum du printemps 1995 prévoit en outre que les pays de l'OCDE s'interdisent d'exporter des déchets en dehors de cette zone, sauf pour les faire valoriser.

Au sein de l'*Union européenne,* les déchets sont considérés comme des *marchandises* régies par le principe de libre circulation intracommunautaire, mais les États peuvent interdire ou s'opposer systématiquement au transfert de déchets sur leur territoire (règlement du Conseil, 1er février 1993).

Le principe de libre circulation a donc dû céder devant les *risques de transits incontrôlés des déchets d'un pays à l'autre,* et un mécanisme de suivi des déchets, distinguant désormais les transferts à l'intérieur et à l'extérieur de la CEE, a été mis au point. La *loi du 30 décembre 1988,* transposant ces dispositions en droit français, donne aux préfets le pouvoir d'enjoindre aux détenteurs de déchets irrégulièrement introduits le retour immédiat dans le pays d'origine. Le *décret du 23 mars 1990*[2] insiste sur l'obligation de *trans-*

1. La fermeture, en 1998, de trois usines d'incinération sur le territoire de la communauté urbaine de Lille, du fait de l'émission de taux de dioxine supérieurs aux normes admises (par « précaution maximale »), et la recherche de solutions de remplacement sont une illustration de ce débat.

2. Dit *décret Montchanin.* Il soumet à autorisation préfectorale l'importation des déchets figurant sur une liste en annexe. L'information doit être claire sur l'auteur de la demande et le destinataire, et sur les conditions de transport. Un document de suivi sera visé par les intermédiaires et les acteurs du transport et du traitement. Les exportations de déchets vers un pays CEE sont soumises à déclaration.

*parence* et d'*information* de l'administration afin qu'elle exerce un contrôle vigilant.

La *Convention de Lomé du 15 décembre 1989* relative aux échanges commerciaux entre l'Union européenne et les pays d'Afrique, des Caraïbes et du Pacifique « interdit toute exportation directe ou indirecte de déchets dangereux vers les États ACP », ces États refusant simultanément toute importation directe ou indirecte de ces déchets sur leur territoire. Ils peuvent cependant faire valoriser leurs déchets dans les pays de l'Union européenne et les réimporter.

# CONCLUSION

Le droit de l'environnement a le mérite de s'être, en peu d'années, irrésistiblement imposé. Cette émergence de normes et de principes nouveaux s'est réalisée sans ruptures ni heurts, soutenue par un consensus d'autant plus puissant qu'il trouve son inspiration dans une finalité supérieure : celle de la survie des espaces et des espèces.

Bien que jeune, ce droit a rapidement cédé à la tentation de juridisme et à un excès de réglementation technique qui obscurcissent le droit fondamental que les juristes aiment à servir. Stratifié, construit par sédimentation et juxtaposition, il traduit le pouvoir exercé par les « bureaux », ceux de Bruxelles n'étant pas les moins ardents.

Depuis quelques années, l'universalité des préoccupations s'exprime dans de *grands principes fondamentaux* : précaution, développement durable... dont l'environnement fut l'inspirateur et qui se sont irrésistiblement imposés aux autres droits. Une efficace cohabitation s'est établie entre des normes d'une forte technicité, nécessairement complexes et diversifiées, et de grands principes fédérateurs qui les subliment et leur donnent leur légitimité.

Le droit de l'environnement fut à l'origine des progrès spectaculaires des mentalités et des comportements administratifs : transparence de l'information, choix motivés et justifiés, nouvelle perception du risque, participation des citoyens à la prise de décision. Les cloisons des bureaux cèdent, le huis clos des ingénieurs et des savants s'ouvre à l'écoute des « autres », l'administration s'humanise. L'entreprise privée devient un partenaire obligé dans la protection environnementale dont le droit se privatise peu à peu. Un chantier reste en friches, celui du dommage écologique et du mode de responsabilité adapté à des situations difficiles où le responsable est souvent difficile à identifier, le lien de causalité et la preuve délicats à établir, le dommage – souvent éventuel et collectif – peu aisé à évaluer, et où les sanctions sont inadaptées. La *responsabilité environnementale* reste un défi lancé à l'imagination des juristes.

« Les deux grands ennemis de l'homme, disait Goethe, sont la crainte et l'espoir. » Certes, mais ces ennemis peuvent être apprivoisés. Les grandes peurs nées de risques technologiques démesurés peuvent être salutaires car elles ne sont plus cachées mais révélées, poussant la science et le droit à réagir si les autorités publiques leur en donnent les moyens. Et, au-delà des spectres du malheur qui hantent nos civilisations, voici que progresse, irrésistiblement, une revendication de bien-être, de qualité de vie qui serait en somme une aspiration au bonheur. Les temps sont peut-être venus pour les juristes de s'occuper du bonheur.

# BIBLIOGRAPHIE


J.-P. Beurier et A. Kiss, *Droit international de l'environnement,* Pedone, 2000.

J.-P. Boivin, *Droit des installations classées,* Le Moniteur, 2e éd., 2003.

M. Despax, *Droit de l'environnement,* Litec, 1988.

B. Edelman et A. Hermitte (dir.), *L'homme, la nature et le droit,* C. Bourgois, 1988.

J. Fromageau et P. Guttinger, *Droit de l'environnement,* Eyrolles, 1993.

D. Guihal, *Droit répressif de l'environnement,* Economica, 2e éd., 2000.

J.-C. Hélin et R. Hostiou, *Les associations, l'environnement et le droit,* Economica, 1989.

K. Foucher, *Principe de précaution et risque sanitaire,* L'Harmattan, 2002.

Y. Jegouzo et C. Sanson, *Le guide de l'environnement,* Le Moniteur, 1989.

V. Inserget-Brisset, *Propriété publique et environnement,* LGDJ, 1994 et *Droit de l'environnement,* PUR, 2005.

A. Kiss et J.-P. Beurier, *Droit international de l'environnement,* Pedone, 2000.

J. Lamarque, *Droit de la protection de la nature et de l'environnement,* LGDJ, 1973.

C. Lepage, *Audit d'environnement,* Dunod, 1992 ; avec C. Huglo, *Guide de l'environnement industriel,* Litec, 1995.

J. de Malafosse, *Le droit à la nature,* Montchrestien, 1973.

G. Martin, *Le droit à l'environnement. De la responsabilité civile pour faits de pollution,* PPS, 1978.

E. Naim-Gesbert, *La dimension scientifique du droit de l'environnement,* Bruylant, 1998.

F. Ost, *La nature hors la loi,* La Découverte, 1995 et 2003.

M. Prieur, *Droit de l'environnement,* Dalloz, 5e éd., 2004.

M. Rémond-Gouilloud, *Du droit de détruire,* PUF, 1989.

J.-H. Robert et M. Rémond-Gouilloud, *Droit pénal de l'environnement,* Masson, 1983.

R. Romi, *Droit et administration de l'environnement,* Montchrestien, 5e éd., 2004 ; *Les collectivités locales* et *Les collectivités locales et l'environnement,* LGDJ, 1998 ; *Droit international et européen de l'environnement,* Montchrestien, 2005.

P. Thieffry, *Droit européen de l'environnement,* Dalloz, 1998.

J. Untermaier, *La conservation de la nature et le droit public,* thèse, Lyon, 1972.

A. Van Lang, *Droit de l'environnement,* PUF, « Thémis », 2002.

*Jurisclasseur de droit de l'environnement* (sous la direction de C. Huglo et J. de Malafosse) et *Code de l'environnement,* Litec, 2001.

*Code de l'environnement* (J. Lamarque, C. Cans, P. Billet), Dalloz, 2005.

*Code de l'environnement* (J. de Malafosse, C. Huglo), Litec 2006.


REVUES


*Revue juridique de l'environnement* (trimestriel), SFDE.

*Droit de l'environnement* (mensuel), Victoire Ed.

*Environnement* (mensuel), Juris Classeur.


OUVRAGES COLLECTIFS


*Environnements,* PUG, 2004.

*L'homme, la nature et le droit* (ouvrage collectif), C. Bourgois, 1980.

*L'écologie et la loi,* L'Harmattan, 1989.

*Protection de l'environnement,* XCe Congrès des notaires de France, 1994.

*Les hommes et l'environnement,* A.-M. Frison-Roche, 1998.

# TABLE DES MATIÈRES

Imprimé en France
par Vendôme Impressions
Groupe Landais
73, avenue Ronsard, 41100 Vendôme
Avril 2006 — N° 52 843